Richard Nimmerrichter

»Oh, du mein Österreich«

Richard Nimmerrichter

»Oh, du mein Österreich«

Staberl -Geschichten

Universitas

Besuchen Sie uns im Internet unter
http://www.herbig.net

© 2001 by Universitas in der
F. A. Herbig Verlagsbuchhandlung GmbH, München
Alle Rechte vorbehalten
Umschlaggestaltung: Atelier Seidel, Altötting
Umschlagmotiv: Gettyone/Stone, München
Herstellung und Satz: VerlagsService Dr. Helmut Neuberger
& Karl Schaumann GmbH, Heimstetten
Gesetzt aus der 10,5/13,5 Punkt Trump Mediaeval
Druck: Jos. C. Huber, Dießen
Binden: R. Oldenbourg, Heimstetten
Printed in Germany
ISBN 3-8004-1429-5

Inhalt

Inhalt

Staberl oder die Geburt einer Legende

Vorwort von Hans Dichand

Die wenigsten vermögen es sich vorzustellen – es hat auch früher einmal eine »Kronen Zeitung« ohne Staberl gegeben, fast fünf Jahre lang. Denn Richard Nimmerrichter ist erst 1964 zu uns gestoßen. Und damals war es auch noch nicht üblich, durch die Porträts unserer Kolumnisten sozusagen dauernden Augenkontakt mit den Lesern herzustellen. So wusste kaum jemand, wer sich hinter dem Pseudonym »Staberl« verbarg und wie er wirklich aussah. Nie werde ich vergessen, wie mir ein begeisterter Anhänger der »Krone« triumphierend seine Erkenntnis mitteilte: »Herr Dichand, ich verrat' es niemandem, aber der Staberl, das sind Sie doch selber.« Und das war als höchstes Kompliment gedacht. Eine ähnliche Geschichte erzählt auch der ehemalige niederösterreichische Landeshauptmann Andreas Maurer. Als dieser Prototyp des populären Bauernpolitikers einmal vor dem Wiener Zentralfriedhof Blumen kaufen wollte, musterte ihn die Standlerin prüfend: »Ich kenn Sie von irgendwoher, aber

es fällt mir net ein, von wo.« Der Herr Landeshauptmann fühlte sich geschmeichelt, dass er
auch in Wien so gut bekannt sei.

»Na, denken S' halt nach – Sie werden schon
draufkommen!«

Da ging plötzlich ein Leuchten über ihr Gesicht
und sie schrie es geradezu heraus: »Gell, Sie san
der Staberl!«

Damals waren Staberls kantige, wie aus Holz
geschnitzten Gesichtszüge durch das tägliche
Foto bereits Millionen ein vertrauter Anblick.
Und die meisten, die nach der »Krone« griffen,
schlugen als Erstes seine Kolumne auf, um nachzulesen, worüber er sich – mit ihnen – ärgerte,
welchen »Großkopferten« er vom hohen Ross
holte oder wie er mit bitterem, oft ätzenden
Humor Schwachstellen in Politik und Gesellschaft bloßlegte. Staberl war bald zur lebenden
Zeitungslegende geworden. Aber wie ist sie entstanden, wie ist Richard Nimmerrichter zu uns
gekommen?

In diesen längst vergangenen Tagen war die
»Krone« nur eine unter vielen Zeitungen, die
damals im Pressehaus produziert wurden. Man
traf sich mit Kollegen und Konkurrenten in der
Kantine oder im Lift und dort geriet ich einmal
mit Nimmerrichter in ein kurzes Gespräch. Nach
einem langen Weg durch verschiedene Blätter

schrieb er nämlich als »Nilius« im »Express« satirische Feuilletons und die waren mir aufgefallen. Nur so nebenbei bemerkte ich, er sollte seinem stillen und eleganten »Nilius« doch Haifischzähne einsetzen. Es wäre interessant, was dabei herauskäme. Und wir wären an einer solchen täglichen Kolumne überaus interessiert. Er sollte sich das einmal überlegen. Die Unterhaltung im Aufzug hat wohl kaum eine Minute gedauert – etwas über sechzig Sekunden zwischen mehreren Stockwerken, die sowohl für die »Krone« als auch für Nimmerrichter entscheidend wurden. Meine Anregung war auf fruchtbaren Boden gefallen. Es dauerte nicht lange, bis er mir ein paar Glossen auf den Schreibtisch legte – und ich war sofort begeistert. Das war der Mann, den ich von Anfang an gesucht hatte. Da schrieb einer ganz einfach dem Volk aus dem Herzen. Und eben das brauchten wir.

Eine Schwierigkeit war noch zu überwinden. Nimmerrichter konnte sich nicht vorstellen, diese Kolumne jeden Tag zustande zu bringen. Er wollte höchstens zweimal die Woche erscheinen, mehr sei nicht drin, meinte er. Ich blieb jedoch hart und überzeugte ihn schließlich, den Fron des täglichen Schreibens auf sich zu nehmen. Dadurch entsteht nämlich erst jene so wichtige, tiefe menschliche Bindung zwischen Leser und

Kolumnisten. Das ist ja das Geheimnis einer solchen Rubrik. Der Leser lebt von Tag zu Tag mit dem Autor mit und befindet sich mit ihm in ständigem Dialog, in Zustimmung wie im Widerspruch. Diese damit erzeugte Nähe und dieses Miteinander werden jedoch für den Kolumnisten zur permanenten Herausforderung, die ihn zu höchstem Einsatz und persönlichstem Engagement anspornt.

»Staberl« stand als Name des Autors bereits unter den ersten Manuskripten. Dabei denkt jeder sofort an ein »Auf-die-Finger-Klopfen«. Das Rohrstaberl des gestrengen Schulmeisters anno Biedermeier dürfte auch der Wiener Theaterdichter und -kritiker Adolf Bäuerle im Sinn gehabt haben, als er für sein Volksstück »Die Bürger von Wien« die Figur des Parapluiemachers Staberl erfand. Dieser greinende, raunzerische Spaßvogel, das »Urbild des kleinen Mannes, der sich mit Mutterwitz zu helfen weiß«, kam so gut an, dass er auch in zahlreichen Werken anderer Autoren weiterlebte. Selbst Johann Nestroy wollte auf »Staberliaden« nicht verzichten. Und diesem größten Satiriker des Wiener Theaters hat sich Nimmerrichter seit jeher eng verbunden gefühlt. Für jede Lebenslage hat er das passende Nestroy-Zitat parat und er würde es sicher als höchstes Kompliment empfinden, wenn man ihn als einen

Verwandten im Geiste dieses seines Vorbildes bezeichnete.

So begann also ein langer gemeinsamer Weg. Staberls Bedeutung für den Erfolg der »Krone« ist kaum zu überschätzen. Dabei konnte es durchaus vorkommen, dass auch ich nicht unbedingt seiner Meinung war und manches schlucken musste, was mir nicht passte. Denn Staberl provozierte und polarisierte. Er stellte keine Fragen, ließ nie Zweifel aufkommen, war in seiner Haltung stets absolut. Objektivität war seine Sache nicht. Dafür lieferte er Polemik von höchster Brillanz. »Staberl lebt vom eigenwilligen Stil des Herrn Nimmer-richter, der es ermöglicht, dass sich ein bedeuten-der Prozentsatz der Menschen mit dem Geschrie-benen identifizieren kann«, heißt es in einer zeitungswissenschaftlichen Dissertation. In sei-ner unbändigen Angriffslust baute er sich Feind-bilder auf, ja, er brauchte Feinde, um verbal so richtig zuschlagen zu können. Und ähnlich rea-gierten die Leser – eine überwältigende Mehrheit war bedingungslos für ihn. Ebenso heftig und entschieden wurde er jedoch auch abgelehnt. Für viele wurde er zu einer Art Hassfigur, vor allem für unsere Konkurrenten, und sie setzten Staberl mit der »Kronen Zeitung« gleich. Dabei überse-hen sie geflissentlich, dass seine Kolumne nur der Ausdruck der Meinungsvielfalt in unserem Blatt war. Andere Kolumnisten konnten zu einem Thema Haltungen einnehmen, die in völligem Gegensatz zu Staberls eigenwilliger Weltsicht standen. Das war hierzulande nach 1945 eher ein Novum und die Österreicher lernten so den Wert der offenen Diskussion im Rahmen einer von niemandem außer ihren Lesern abhängigen Zeitung kennen.

Richard Nimmerrichter hat mitgeschrieben an einer der aufregendsten Erfolgsgeschichten der österreichischen Presse nach dem Krieg. Er wird uns noch lange fehlen. Zu ersetzen ist er nicht, denn unser Staberl war und ist einmalig.

Aus Staberls Werkstätte

Vorwort von Richard Nimmerrichter

Wie macht das der Staberl, wie hat er es fast 37 Jahre hindurch gemacht? So könnte man fragen, wenn man die tägliche Staberl-Kolumne in der »Kronen-Zeitung« vom 1. Februar des Jahres 1965 bis zum 1. Mai 2001 Revue passieren lässt.

Wie haben Sie es angestellt, täglich immer wieder ein Thema zu finden? Ist Ihnen nie der Stoff ausgegangen? Und wie kann man so etwas überhaupt so lange durchhalten?

Solche und ähnliche Fragen sind mir im Lauf der Jahre immer wieder gestellt worden. Manche Fragesteller aber, die mit der zeitgenössischen österreichischen Zeitgeschichte näher vertraut waren, haben dann vielleicht auch daran erinnert, dass in diesem Land schließlich nur einmal, kurz nach dem Krieg, eine täglich erscheinende Kolumne gerade zwei, drei Jahre lang erschienen ist: von Theodor Ottawa; in der »Weltpresse«, als dieses Blatt noch von der britischen Besatzungsmacht herausgegeben worden war, unter dem Titel: »Wiener Spaziergänge«.

Eine sehr oberflächliche und keineswegs zutreffende Erklärung für Staberls international kaum irgendwo erreichten Langstreckenrekord wäre die freilich oft gehörte Aussage: »Der hat eben den Leuten immer nach dem Mund geredet und geschrieben …«

Ach ja, wenn das so einfach wäre! Dann wären doch auch in anderen Zeitungen die Staberl-Imitate aus dem Boden geschossen wie die sprichwörtlichen Pilze nach dem warmen Regen. Unbestreitbare Tatsache ist aber, dass von den gar vielen, die sich im Lauf der Zeit in anderen Zeitungen daran gemacht haben, eine Art Staberl zu fabrizieren, nur wenige über ein paar Wochen hinausgeraten sind; einer gar nur wohlgezählte zehn Tage.

Es war in Wahrheit nie mein Bestreben, den Lesern nur nach dem Mund zu schreiben. Von Anbeginn habe ich vielmehr begriffen, dass man zwar vorzugsweise das sagen soll, was die Leser, ohne sich bisweilen darüber Rechenschaft zu geben, innerlich empfinden; doch glaube ich auch beizeiten erkannt zu haben, dass den Zeitungslesern, wie allen anderen Menschen auch, im Unterbewusstsein das latente Bedürfnis innewohnt, sich dann und wann zu ärgern. Diese Erkenntnis hat mir den Mut gegeben, immer wieder auch Dinge zu schreiben, die bald die einen

18

und bald die anderen unter meinen Lesern und Freunden eigentlich gar nicht so geschätzt haben. Man muss, glaube ich zu wissen, dem im Unterbewusstsein verschloffenen Bedürfnis des Sich-ärgern-Wollens dann und wann entsprechen!

Was aber hätte das alles genützt, wenn ich nicht vom ersten Tag an die totale Rückendeckung durch meine Zeitung gehabt hätte! Nur so kann ja eine aktuelle und kombattante Kolumne je Erfolg haben. Hat der Autor bald auf die eine, bald auf die andere Gruppe, bald auf jene und bald auf diese Partei oder sonstige politisch orientierte Körperschaft Rücksicht zu nehmen: dann läuten seiner Kolumne aber auch schon die Totenglocken.

So hätte ich denn auch, wäre diese absolute Rückendeckung jemals ausgeblieben, zu jedem Zeitpunkt dieser langen 37 Jahre umgehend das Ableben der Staberl-Kolumne verkünden müssen.

Zum Schluss aber bekenne ich auch rundweg, dass die »Kronen-Zeitung« und ich auch viel Glück gehabt haben. Oft genug habe ich dies meinem Herausgeber und Freund Hans Dichand gegenüber erwähnt; ich weiß nicht, ob er es sehr gern gehört hat. Der »Zeitungsputsch« des Jahres 1966 etwa, der uns den Garaus machen sollte, hat, ganz im Gegenteil, das ganze Land für uns eingenommen und auch entscheidend die Wahlen vom März 1966 beeinflusst. Erst von da ab ging's für die

»Krone« so richtig bergauf; und ich hatte das Glück, genau ein Jahr zuvor zu dieser Zeitung gestoßen zu sein.

Ganz zum Schluss aber: das oft eklatante Versagen der Konkurrenz hat uns zumindest nicht geschadet …

Liebeserklärung an Österreich
(1980)

Ich liebe dieses Land Österreich, dessen Pass wir
zu unserem Glück alle besitzen dürfen, über
alles. Ich liebe es so sehr, dass ich nicht um die
Burg irgendwo in einer anderen Gegend dieser
Welt leben möchte. Und ich liebe es trotz aller so
offen zutage tretenden Schwächen – vielleicht so,
wie Eltern gerade ihr nicht ganz wohlgeratenes
Kind oft ganz besonders lieben.

Realismus und Wahrheitsliebe verlangen allerdings gebieterisch auch die Feststellung, dass
dieses Land freilich für mich als Kommentar-
schreiber und Staberl-Verfasser ganz ideal ist.
Rundwegs herausgesagt: In der Schweiz etwa täte
ich mich wohl viel, viel schwerer ...

Darf ich Ihnen hier statt langwieriger theore-
tischer Überlegungen die Quintessenz eines Gespräches anführen, das ich unlängst in einem
Freundeskreis geführt habe? Alsdann, so sagte es
einer der Freunde, dieses kleine Österreich hätte
eigentlich nach allen Regeln der Raison und des
gewöhnlichen Hausverstandes seit dem Jahr

1918 genau sechsmal zugrunde gehen müssen: Anno 1918 nach dem Ende der Monarchie, etwa 1927 zur Weltwirtschaftskrise, 1934 zur Zeit der Dollfuß-Schmalspurdiktatur, 1938 am Beginn der Hitlerei, 1945 zur Zeit der russischen Befreiung und schließlich 1950, als die Kommunisten genau nach dem Muster Ungarns und der Tschecho-slowakei versucht haben, uns die Segnungen einer Volksdemokratie zu bescheren.

Tatsache ist aber, dass wir schlechthin alles überstanden haben: die Erste Republik, die doch gar niemand für lebensfähig gehalten hat, die große Krise, zwei so genannte Befreiungen und dazu auch noch einen lebensbedrohenden Putsch-versuch, der das Ende unserer Freiheit bedeutet hätte.

Es ist dies alles doch nur so zu erklären, dass in uns Österreichern, wenn's unbedingt nötig sein sollte, ganz plötzlich Kräfte wirksam werden, über die wir uns in unserem durch Raunzen und Schmähtandeln gekennzeichneten Alltagsbetrieb offenbar gar keine Rechenschaft ablegen.

Einer ganz neuen und unpathetischen Vater-landsliebe des Österreichers, die zu wecken eine sehr lohnende Aufgabe wäre, steht freilich als Hindernis die Frage entgegen, was das doch eigentlich sein möge: ein Österreicher. Und was denn, nur so beispielsweise, etwa ein Tiroler mit

einem Südsteirer zu schaffen hätte, ganz zu
schweigen etwa von dem fast schon provokativen
Beispiel eines Ötztalers und eines Brigittenauers.
Und so weiter und so fort.

Doch sollte uns das, die wir doch jetzt immerhin schon mehr als sechs Jahrzehnte gemeinsam
zurückgelegt haben, daran hindern, unser Vaterland zu lieben? Ist der Wiener nicht schon immer
ein ausgschamter Bazi, der Tiroler ein vernagelter
Gebirgler, der Vorarlberger ein halber Schweizer,
der Niederösterreicher ein gscherter Surm, der
Burgenländer ein halber Krowot, der Steirer ein
kropferter Sumper und der Oberösterreicher ein
depperter Mostschädel gewesen?

Doch dann höre ich mir, da ich doch der un-
militärischste Mensch von ganz Österreich sein
könnte und der ich doch unterm Hitler mit knap-
per Not im sechsten Dienstjahr gerade noch ein
Obergefreiter geworden bin, ein paar altösterrei-
chische Militärmärsche an. Und dann bin ich im
Handumdrehen wieder ein Patriot. Ach ja, unser
Bruckner hat seine Achte geschrieben und unser
Beethoven, den wir ebenso kühn zu einem Österreicher gemacht haben wie später Adolf Hitler zu
einem Deutschen, hat seine »Eroica« geschaffen.
Doch der Schönfeldt-Marsch des Carl Michael
Ziehrer, die Traditionsmärsche der k. u. k. Infan-
terieregimenter Nummer 99, 84 oder 42, Letzter

auch als Grenadiermarsch bekannt geworden, sprechen doch noch viel unmittelbarer für dieses Österreich; ganz zu schweigen vom 106er-Regimentsmarsch eines gewissen Lehàr, darin sich die gesamte ungarische Volks- und Zigeunermusik wieder findet.

Es ist mir, der ich in einer aus Zimmer und Küche bestehenden Wohnung des Wiener Randbezirkes Favoriten aufgewachsen bin, eine geradezu unauslöschliche Erinnerung, dass die Musikkapellen, die damals stets zur Feier des marxistischen 1. Mai aufmarschiert sind, mangels anderer musikalischer Schöpfungen nicht umhin konnten, all diese erwähnten und rechtens durchaus für reaktionär gehaltenen Märsche aufgespielt haben, wenn die so genannten proletarischen Massen damals aufmarschiert sind; die sich dann nachher, ebenso wie die Hahnenschwänzler und die Hakenkreuzler, an das schöne Motto hielten, das da lautete: »Und willst du nicht mein Bruder sein – so schlag' ich dir den Schädel ein ...!«

Dass wir, liebwerte Freunde und Landsleute, diese wahrhaft so schrecklichen Zeiten überwunden haben und dass wir uns doch heute gottlob nicht darum kümmern, ob einer nach seinen Sympathien eher ein Roter, ein Schwarzer, ein Blauer oder gar ein Superroter sei: das allein, liebe

Freunde und Landsleute, sollte uns doch Grund genug sein, dieses Österreich, und wenn es mit noch so vielen Fehlern behaftet sein sollte, rechtschaffen zu lieben.

Rappelkopfs und Knieriems Erbe
So übel ist's ja gar nicht in Österreich!
(1975)

Der heutige Nationalfeiertag wird verhältnismäßig bescheiden begangen. Das allgemeine Motto lautet »Österreich 20 Jahre neutral«; das kostet wenig und verpflichtet zu nichts.

Größere Feiern sind diesmal, wegen der tristen Lage der Staatsfinanzen vielleicht, von Haus aus nicht geplant gewesen. Das weiß der Österreicher nicht nur mit Würde zu tragen, sondern auch zu schätzen. Denn die Feiern, die in früheren Jahren aus Anlass des 26. Oktober abgehalten worden sind, waren von einer Qualität, die uns ihre Absenz im heurigen Jahr durchaus verschmerzen lässt.

Es ist überdies der Nationalfeiertag heuer vor allem auch deswegen unpopulär, weil er peinlicherweise auf einen Sonntag fällt. Es ist dies die Tragik an den beweglichen Feiertagen, dass sie bisweilen in unvermeidlicher Weise an Tagen abgehalten werden, an denen der Werktätige ja ohnehin nicht arbeiten muss. Der Werktätige muss es ja schon seit eh und je hinnehmen, dass

26

Ostern und Pfingsten jeweils zur Hälfte auf einen Sonntag fallen.

Es soll hier über Wert oder Unwert des österreichischen Nationalfeiertages vom 26. Oktober nicht weiter geurteilt werden. Es soll aber immerhin der heutige Tag einmal zum Anlass der Feststellung genommen werden, dass dieses Österreich, unser aller Vaterland, doch weit öfter, als wir es alle wahrhaben wollen, eine Feier verdient. Eine Feier, die nicht notwendigerweise mit einem Feier- und Freizeittag einhergehen muss, wenn sie dafür dann und wann wenigstens in unseren Herzen abgehalten wird.

Es sind solche Worte heute längst nicht mehr in Mode. Und das ist auch recht. Zu viel Schindluder ist mit Patriotismus und Heimatliebe getrieben worden, als dass ein kritischer Mensch nicht seinen Horror vor diesen Schlagworten empfände. Zudem sind wir Österreicher nicht gerade Leute, die ihr Herz auf der Zunge tragen. Unsere Erfahrungen mit Pathos und Überschwang aller Macharten haben das Ihre dazu beigetragen, dass wir heute – so ähnlich wie das moderne Theaterpublikum – wohl eher das Unterspielen schätzen.

Echt österreichisch?

Der Schriftsteller Hans Weigel hat einmal in einem amüsanten Österreichbuch einem hochinteressanten Phänomen nachgespürt. Wenn etwa ein Engländer über eine Sache, eine Person oder einen Zustand sagt, es sei dies »echt britisch«; wenn ein Deutscher »richtig deutsch«; wenn ein Franzose »traditionell französisch«; wenn ein Italiener »gut italienisch« sagt; und so weiter, dann meinen sie alle etwas Positives, Günstiges, Erfreuliches, zumindest etwas Begrüßenswertes. Wehe aber, wenn der Österreicher zu irgendeinem Anlass »echt österreichisch« sagt! Dann sind Schweinerei und Skandal, Korruption und Übermut der Ämter, zumindest aber Schlendrian und Schlamperei gemeint. Der Österreicher kommt auf einen Bahnhof seiner ÖBB, sieht oder hört dort, dass sein Zug zwanzig Minuten Verspätung hat und schimpft dazu: »Echt österreichisch!« Und dies ungeachtet der Tatsache, dass auch anderswo die Züge oft genug Verspätungen haben: und das sogar mancherorten weit ärger als bei uns.

Warum das? Weil wir wohl alle miteinander ein wenig so sind wie Raimunds »Rappelkopf«, wie Hofmannsthals »Schwieriger«, wie Nestroys »Knieriem«. Weil uns die Liebeserklärungen nicht so glatt über die Lippen wollen. Weil sich in uns die Zuneigung, sofern sie uns überhaupt bewusst wird, weit eher in die Schroffheit als in die pathetische Deklaration umsetzt.

Wir alle miteinander aber, wir, die Österreicher: Wie sind wir denn nun wirklich? Sind wir zumindest irgendwo ein wenig gleich? Gibt es das überhaupt: den Österreicher?

Auf die lächerliche Untersuchung der Frage, ob es denn eine österreichische Nation gäbe, soll hier nicht eingegangen werden; die Rechtsradikalen und Deutschtümler unter uns, die sich an dieser Frage ereifern, sind ja gottlob schon von ihrer Zahl her bei weitem zu unbedeutend, um ernst genommen zu werden.

Doch was hat immerhin in seiner Mentalität und Verhaltensweise, ja vielfach selbst in seiner Sprache ein Wiener mit einem Vorarlberger gemein? Ein Bergbauer aus dem Tiroler Ötztal mit einem Weinbauer aus dem burgenländischen Seewinkel? Ein Hollabrunner mit einem Imster oder Deutschlandsberger?

Es ist dies aber alles, so meine ich, recht unerheblich gegenüber der Tatsache, dass wir alle miteinander nunmehr schon seit 1918, seit bald 57 Jahren also, gemeinsam in einem Staat wohnen; genau fünfzig Jahre also auch dann, wenn wir die Jahre abrechnen, in denen es auf einmal wieder eine Ostmark gegeben haben sollte, ein Niederdonau und Oberdonau sowie auch eine Stadt der Volkserhebung.

Jetzt leben wir also seit einem halben Jahrhundert in diesem Staat und haben, nehmen wir nun alles in allem, geradezu unglaubliche Fortschritte gemacht. Die Frage, ob Österreich überhaupt lebensfähig sei, ein Standardthema aus der Ersten Republik, wird heute überhaupt nicht mehr gestellt. Doch weit wichtiger noch als der wirtschaftliche Fortschritt, der ja durchaus nicht allein unser alleiniger Verdienst ist, dürfen wir die gewaltige Wandlung der zwischenmenschlichen Beziehungen zum Positiven, Humanen, Liberalen hin einschätzen. Wir haben, nur beispielsweise, heute vor drei Wochen ein neues Parlament gewählt. Empfindet aber ein Österreicher, der am 5. Oktober eine bestimmte Partei gewählt hat, Hass gegen einen Landsmann, der anders gewählt hat? Das empfindet er durchaus nicht und den Jüngeren unter uns erscheint das als ganz selbstverständlich. Den Älteren aber drängt sich die Erinnerung an die üblen Bräuche aus der Ersten Republik auf. Damals marschierten die Heimwehrler, die Schutzbündler, die Hakenkreuzler. Damals gab es Saal- und Straßenschlachten, vom 15. Juli 1927, vom 12. Februar und vom 25. Juli 1934 erst gar nicht zu reden. Damals hielten sich gar viele politisch interessierte Österreicher an das probate Motto: »Und willst du nicht mein Bruder sein, dann schlag' ich dir den Schädel ein.«

Ein neuer Patriotismus

Es wäre an der Zeit und es wäre gerechtfertigt, sich in Österreich zu einer Art von neuem Patriotismus zu bekennen. Und das nicht einmal allein als Herzensangelegenheit, sondern durchaus auch als eine Frucht der Überlegung. Es ist nämlich bei uns in Österreich gar nicht alles so übel, wie wir in oft berechtigtem Grimm über die Unzulänglichkeiten des österreichischen Alltags oft meinen. Wir sind bisher recht gut gefahren mit Österreich, wir haben Grund, unser Land nicht nur deswegen zu schätzen, weil die Heimatliebe schon in den Schulbüchern als Tugend gepriesen wird, sondern sehr wohl auch nach einem vergleichenden Blick da und dort über unsere Grenzen.

Ich habe dieser Tage erst das Kleine Walsertal besucht, das politisch zu Vorarlberg und damit zu Österreich, geografisch aber zum Allgäu und zur Bundesrepublik gehört, und habe in dem Bürgermeister der dortigen Talgemeinschaft einen Mann gefunden, der sich selber als einen geradezu leidenschaftlichen Österreicher bezeichnete; auch wenn der Walsertaler berechtigt ist, zollfrei die billigen deutschen Automobile zu kaufen. Ich habe in Amerika österreichische Emigranten, in Israel ausgewanderte österreichische Juden getroffen, deren Liebe zu Österreich ungebrochen geblieben, ja durch die räumliche Trennung von der Heimat noch stärker geworden ist. Und ich weiß schon, wie sich das erklären ließe: nämlich, dass es ja leicht sei, Österreich zu lieben, wenn man nicht dauernd in Österreich leben muss. Aber so einfach trifft eine originelle Formulierung denn doch nicht den wahren Sachverhalt.

Ich meine, wir sollten alle froh sein, Österreicher zu sein. Und ich meine das nicht nur deshalb, weil heute ein österreichischer Nationalfeiertag ist, von dessen näherer Bewandtnis die wenigsten von uns noch eine genaue Ahnung haben.

Wie einst beim Doktor Sperber
(2000)

Von dem Advokaten Sperber, der sich im Wien der Zwischenkriegszeit unter gar vielen humorvollen Originalen einen legendären Ruf erwarb, hat uns Friedrich Torberg in seiner »Tante Jolesch« gar manche köstliche Schnurre überliefert. Wobei so manche dieser Spaßetteln lustig genug waren, dass sich die profane Frage, ob denn auch alles wahr gewesen wäre, erst gar nicht gestellt hat.

Schon das Werbesprucherl für seine Kanzlei hatte es in sich. »Räuber, Mörder, Kindsverderber«, ließ der Advokat verlauten, »gehen nur zum Doktor Sperber!«

Als nun dieser Doktor Sperber einmal vor Gericht einen mehrfach vorbestraften Kassenschränker zu verteidigen hatte, der sich als »Mittagseinbrecher« darauf spezialisiert hatte, Büros heimzusuchen, während die Angestellten gerade beim Essen waren, verlangte der Staatsanwalt in Anbetracht der Tatsache, dass der Angeklagte seine Tresore so frech bei »helllichtem Tag« aufgeschweißt hatte, eine besonders strenge Strafe. Sperber, der dies erwartet hatte, förderte daraufhin einen alten Prozessbericht aus jener Zeit zutage, als der Schränker noch zur Nachtzeit tätig gewesen war. Der damalige Staatsanwalt aber hatte wiederum deswegen für eine strenge Strafe plädiert, weil der Täter seinem üblen Gewerbe just »im Schutz der Nacht« nachgegangen war.

Angesichts dieser Sachlage erhob sich der Doktor Sperber zu seiner ganzen Größe und fragte theatralisch: »Hohes Gericht! Wann soll denn dann mein Mandant eigentlich einbrechen gehen …?«

Gibt's dergleichen nur beim Torberg nachzulesen? Nein, wie der folgende Schlachtbericht über das traditionelle Feiertagsgemetzel auf unseren Autobahnen und Straßen beweist. Da hat es nämlich heuer schon 18 Tote abgesetzt, ehe der Osterverkehr noch so richtig begonnen hatte. Im Sport würde man bei ähnlich rasanter Anfangsgeschwindigkeit von einem Blitzstart sprechen.

Wie es aber dazu kommen konnte, hat uns ein Sprecher des für den viel zitierten »Blutzoll der Straße« amtlich zuständigen Innenministeriums schon eine Woche vor Ostern wörtlich wie folgt erklärt:

»Möglicherweise waren die frühlingshaften Temperaturen und der blaue Himmel die Auslöser für eine ganze Reihe von folgenschweren Zusammenstößen.«

Doktor Sperber, schaun S' oba …! Da haben wir nämlich zu vielen ähnlichen Feiertagsschlachten des motorisierten Verkehrs schon entschuldigend vernehmen können, welch fatalen Einfluss doch das zu den Feiertagen herrschende schlechte Wetter gehabt habe. Der Nebel hat die Sichtweiten beeinträchtigt, die regennassen Fahrbahnen waren in tückischer Weise glitschig, die Fahrer drückten aufs Tempo, um früher ins trockene Quartier zu kommen, der grau verhangene Himmel machte die Fahrer teils depre- und teils aggressiv. Ach ja, und Schnee hat es auf manchen Passstraßen ebenso noch gegeben wie die Sommerreifen auf den Felgen!

Sperbers Kassenschränker hat seine »Bären« bei Tag und bei Nacht gerissen. Die Kavaliere am Steuer teufeln bei Schön- und bei Schlechtwetter zusammen.

Ministerielle Doppelconférence
(1997)

Die »Doppelconférence« zwischen einem »Gescheiten« und einem angeblich Blöden war ein eherner Eckpfeiler jener Kabarettkunst von einst, die ihre Zuschauer noch allabendlich aus vollem Hals lachen ließ. Heute hingegen, da alle Darbietungen auf der Bühne vorzugsweise der Gesellschaftsveränderung zu dienen haben, servieren uns auch die Kabarettisten nur Programme, deren Heiterkeitsgrad etwa dem einer mehrere Wochen alten Wasserleiche entspricht.

Dies sei aber ebenso nur nebenbei erwähnt wie die jüngst ruchbar gewordene Tatsache, dass die Doppelconférence keineswegs in Wien von Fritz Grünbaum und Karl Farkas geschaffen, sondern lang zuvor schon von ähnlich genialen jüdischen Kabarettisten in Budapest ersonnen worden ist.

Gleichviel aber: Am Dienstagabend hat sich unser Fernsehen verdienstvoll um eine Renaissance der Doppelconférence bemüht: wenn schon nicht vorsätzlich, dann doch unfreiwillig.

Als Akteure waren die Minister Bartenstein

und Prammer ins Studio geeilt; wobei wir, um nicht in den Ruch sexistischer Bevorzugung zu kommen, gleich beteuern, die Darsteller streng nach dem Alphabet genannt zu haben.

Als Generalthema der Nummer war die aufgrund eines jüngst erlassenen Spruchs des Verfassungsgerichtshofs die Frage der staatlichen Kinderförderung vorgegeben, wobei die Vortragenden teils auf erhebliche, teils aber zumindest auf durchschnittliche Verdienste hinweisen konnten. Hat hier der Minister Bartenstein bereits fünf Kinder, nach Lesart mancher Leute: fünf künftige Beitragszahler für die Pensionskassen, in die Welt gesetzt, so hat es die Kollegin Prammer, der man hiermit einen gewissen Nachholbedarf attestieren muss, immerhin auf deren zwei gebracht.

Ein erster, wenngleich bescheidener Höhepunkt der Darbietung war bald erreicht, als die Frauen- und Konsumentenministerin dem bisher schon überstrapazierten Begriff des Sozial- und Wohlfahrtsstaates endlich die längst überfällige Dimension eines »Solidarstaates« anfügte, in dessen Bereich jeder, der etwas hat, dieses unverzüglich abzuliefern und herzugeben hätte. Welch Fortschritt doch gegenüber der früher gern gebrauchten Populär-Forderung, die da nur schlicht »Die Reichen sollen zahlen« lautete!

37

Leider plätscherte die Darbietung in der Folge dann eher lustlos dahin. Dies war aber hauptsächlich dem Minister Bartenstein anzukreiden, der sich, statt rhetorische Pointen abzufeuern, in der Rolle des Gescheiten nur in lauter sachlichen Erörterungen verzettelte.

Dann aber, als die Nummer fast schon durchzufallen drohte, durfte sich das Auditorium doch noch an einem starken Gag der zweifachen Ministerin und Emanzen-Pionierin Prammer ergötzen. Sie enthüllte nämlich, dass Landsleute wie sie oder der Kollege Bartenstein doch genug Geld hätten, um auf jedwede Kinderbeihilfe verzichten zu können.

Da staunte aber das Publikum! Die zuständigen Experten aber rechneten schon nach, inwieweit ein Wegfall von insgesamt sieben Kinderbeihilfen die Finanznöte der Republik mildern könnte.

Darf der Japaner ein Chines' sein?
(1999)

Der Sommer ist vorbei, die Temperaturen fallen, die Touristen ziehen sich vom Wiener Stephansplatz, vom Grätzel ums Goldene Dachl von Innsbruck und artverwandten Örtlichkeiten schön langsam zurück. An den Kärntner Seen wird den Gästen allmählich schon das Wasser zu kalt, sehr zum Unterschied vom Salzkammergut mit seinen auch im Sommer stets kalten Gewässern. So mancher Eingeborene ist mit dem Lauf der Dinge ganz zufrieden: er ist jetzt wieder Alleinherrscher auf seinem Territorium.

Aber eben noch zur Hochsaison! Da geriet ich einmal vorm Schloss Schönbrunn mitten in mehrere Autobusladungen fernöstlicher Besucher, untermischt mit ein paar Bodenständigen, weiß Gott was die just in Schönbrunn verloren hatten. Asiatische Touristen erfreuen sich aber überall angemessener Beliebtheit: sie sind diszipliniert und leise. Die einzigen Geräusche, die sie produzieren, kommen aus den Verschlüssen ihrer Kameras.

Da höre ich mit, wie ein Einheimischer den anderen fragt, ob denn hier eher Japaner oder doch vielleicht Chinesen unterwegs sein mögen. »Ganz wurscht«, lautete die Antwort des gemütlichen Eingeborenen, »weil ein jeder Japaner ist eh ein Chines'.«

Diese Antwort, die auch schon literarische Würdigung gefunden hat, erscheint aufs erste Hinhören ein wenig rüde. So mancher Japaner wird sie, beispielsweise, nicht gar so gern hören.

Wir wollen aber ins Grundsätzliche vordringen. In einer Zeit, da uns von fortschrittlicher Seite unentwegt die Gleichheit aller Völker – Rassen darf man schon lang nicht mehr sagen – als Dogma gepredigt wird, müsste die Zusammenlegung von Japanern und Chinesen fast schon als gutmenschliche Pioniertat angesehen werden. Hören wir nicht unentwegt, dass zum Beispiel Serben, Bosniaken und Albaner alle miteinander gleich geartete Menschen sind, die nur noch eines einzigen großen und multiethnischen Staates bedürfen, um wie im Paradies zu leben? Haben wir nicht den Eskimo im Iglu als gleich gearteten Bruder des Hottentotten in Afrika anzusehen? Dürfen Unterschiede zwischen einem Indianer, einem Kirgisen, einem Berber oder einem Attnang-Puchheimer bestehen? Na alsdann! Da wird man doch erst recht Japaner und Chinesen in einen Topf werfen dürfen!

Menschen von besonderer Güte dehnen die allgemeine Gleichartigkeit in vorbildlicher Weise auch noch auf jede Art von Fauna und Flora aus. Mit Recht belehren uns doch die Fachleute der Wissenschaft von den Gencn, dass selbst ein Krautkopf einem Buckelwal weit ähnlicher ist, als man glaubt.

So dürfen wir denn auch den reißenden Werwolf gleichberechtigt neben den Pinscher stellen, den vorgeschichtlichen Säbelzahntiger neben das seidenhaarige Angorakätzchen, die Zwergschildkröte neben den Tyrannosaurus Rex, den putzigen und wettervorhersagenden Laubfrosch im Gurkenglas neben den Tatzelwurm, wie er auch im schönen Klagenfurt als Statue dargestellt ist.

Und wenn sie, vom knipsenden Japaner bis zum Feuer speienden Lindwurm, nicht gestorben sind, leben sie wie im Märchen heute noch.

Wie einst im Kometenlied
(1997)

Das folgende persönliche Erlebnis zeichnet sich zwar durch eine weitgehende allgemeine Bedeutungslosigkeit aus, eignet sich aber hervorragend als Lehrbeispiel für ein ganz anderes, leider außerordentlich bedeutsames Geschehnis. Sie werden weiter unten gleich sehen, wieso:

Alsdann. Da durchstreife ich ein ansehnlich großes Waldstück im schönen Kärnten, Zweck: Schwammerlsuchen. Die Erfolgserlebnisse bleiben nicht ganz aus, schon wieder erbeute ich einen schön gewachsenen Steinpilz, lateinisch Boletus edulis, und schicke mich nach einem ungeschriebenen Schwammerlsucher-Gesetz an, das Stück gleich im Wald ordentlich zu putzen. Es bleibt aber beim Vorhaben. Als ich meinen Taschenfeitel hervorholen will, merke ich, dass ich dieses gleichermaßen nützliche wie anspruchslose, mit einem praktischen Holzgriff versehene Gerät irgendwo ausgestreut haben muss.

Der Verlust hielt sich in Grenzen, anderntags fahre ich, dabei auch die drohende Wampe bekämpfend, mit dem Radl nach Klagenfurt und erstehe dort in einer Eisenhandlung einen neuen Taschenfeitel zum Stückpreis von 24 Schilling. Ein paar Jährchen später noch, sinniere ich, und ich hätte schon zwei Euros hinlegen müssen.

Das Kuriose an der Geschichte kommt aber erst. Als ich eine Woche darauf wieder nach Schwammerln Ausschau halte, finde ich diesmal zwar weit weniger Pilzlinge, dafür aber unwahrscheinlicherweise meinen verlorenen Taschenfeitel; die Klinge ein bisserl rostig, aber sonst wohlauf.

Heimgekehrt, lese ich in der Zeitung von der Aussage des früheren russischen Generals und Jelzin-Sicherheitsberaters Alexander Lebed. Dieser hatte dem amerikanischen Fernsehsender CBS gegenüber erklärt, dass in Russland unlängst an die hundert kleinere Atombomben verloren gegangen seien, die nur die Größe je eines Koffers hatten und von einem einzelnen Menschen innerhalb einer halben Stunde zur Explosion gebracht werden könnten. Mögliche Todesopfer pro Koffer: 100 000 Menschen.

Das Dementi aus Moskau folgte klarerweise auf dem Fuß. Man habe genau nachgezählt, hieß es dort, und vermisse keine einzige Atombombe.

Herr Lebed habe ja keinen Einblick in die Sachlage. Auch verstehe er von Kernwaffen einen
Schmarren, wie immer das auf Russisch heißen
möge.

Wem man da nun glauben will, ist reine
Geschmacksache. Vielleicht liegt, wie so oft im
Leben, die Wahrheit in der Mitte. Vielleicht sind
es nur fünfzig Atombomben im Kofferformat, die
da halt auf die eine oder andere Art in Verlust geraten sein könnten.

Für diesen und natürlich erst recht für jeden
noch schlechteren Fall wünsche ich mir aber
gemeinsam mit etlichen Milliarden Menschen
von Herzen ein ähnliches Wunder, wie es mir mit
meinem verlorenen und gegen alles Erwarten wieder gefundenen Taschen- und Schwammerlfeitel
widerfahren ist. Sonst könnte eventuell nur noch
die Coupletstrophe aus dem Kometenlied von
Nestroys versoffenem Schustergesellen Knieriem
als Motto herhalten: »Da wird einem ganz angst
und bang – die Welt steht auf kein' Fall mehr
lang.«

Satyrspiel von üppiger Pracht
(1997)

Es hat sich an dieser Stelle schon des Öfteren Gelegenheit geboten, auf die frappanten Parallelen zwischen der heimischen Politik und dem antiken Theater hinzuweisen. Hier wie dort pflegt ja dem hehren Pathos der großen Tragödie das heitere Satyrspiel auf dem Fuß zu folgen. Hier wie dort durfte dann ein geneigtes Publikum die tröstliche Botschaft erfahren, dass die Dinge doch gottlob eh nicht ganz so ernst lägen.

Die in unseren Tagen auf den Spielplan gesetzte große Tragödie dreht sich um die Privatisierung der Creditanstalt. Oder, wie man, weil wir schon beim Vergleich mit der Antike sind, auch sagen könnte: Es geht um das Walten unheilvoller Schicksalsmächte zur Errichtung einer verlässlich rot durchwirkten heimischen Großbank.

Hier muckt allerdings die ÖVP in einer für sie untypischen Art plötzlich heftig auf. Sie will nicht mehr den treuen Steigbügelhalter für den Seniorpartner in der Koalition spielen. Auch hier bietet sich übrigens eine kleine Exkursion in die

Antike fast schon gebieterisch an. Weil ja im einstigen lateinischen Alphabet der Unterschied zwischen V und U eh nicht vorhanden war, darf man jetzt registrieren, dass die ÖVP ihren Ruf als »Österreichische Umfallerpartei« endlich einmal abschütteln möchte.

Während wir aber noch rätseln, ob die bisher schwarze Creditanstalt von der roten Bank Austria, vom schwärzlichen Konsortium oder gar vom reichlich unpolitischen, aber überaus versierten Kaufmann Wlaschek inhaliert werden möge, entfaltet sich auf der heimischen Szene auch schon das Satyrspiel zu diesmal besonderer Pracht. Sein Titel lautet »Autobahnpickerl«. Sein Humorgehalt übertrifft bald schon alle Burlesken und Schwänke der alten und neuen Theatergeschichte. Goldonis Arlecchino und Pantalone, Stan und Ollie aus dem Slapstick-Film, Kleists Zerbrochener Krug, Charlie Chaplin oder Shakespeares Widerspenstige: Sie alle haben ähnliche Mühe, hier noch in der Konkurrenz zu bleiben, wie dies eben auch dem österreichischen Nationalhelden Andi Goldberger beim Skispringen in Bischofshofen widerfahren ist.

Wie bitte zum Beispiel? Ein so lächerliches Erzeugnis wie ein an die Windschutzscheibe zu pickendes Papierl kann in ganz Österreich nicht erzeugt werden? Da müssen wir weit hinüber nach Chicago gehen! Dergleichen hätte kein Possen- oder Schwänkeschreiber seinem Publikum je zugemutet.

Da weiß man also genau, wie viele Automobile bei uns zirkulieren. Da weiß man auch, wie viele Touristen zum Jahresanfang einfallen, wie viele Gastarbeiter heimkehren oder fortfahren. Da hat man monatelang Zeit gehabt, das alles auszurechnen. Aber als das neue Jahr einkehrte, gab es keine Pickerln. Oder, wie mit Recht erboste Touristen auch grimmig ausriefen: Die Klebevignetten waren alle!

Alles aber war, wir sagten es schon, doch seit Monaten vorhersehbar. Wie sollte dann eine solche Regierung erst auf unvorhersehbare Ereignisse oder Entwicklungen in wohltätiger Weise reagieren? Eine solche Szene darf man sich nur mit angemessenem Grausen ausmalen.

Zwei Klassen seit eh und je
(2001)

Wieder einmal profitiert ein gewaltiger Defi-
zit-Verursacher aus dem Proporz- und
Packelwesen dreißig langer Jahre von der so wohl-
tätigen Tatsache, dass sich die überwiegende
Mehrheit der Bürger und Steuerzahler unter einer
Milliarde längst nichts Richtiges mehr vorstellen
kann, von fünf Milliarden erst gar nicht zu reden.

Als neueste Fünf-Milliarden-Schuldenmacher
und De-facto-Bankrotteure zeichnen jetzt jene
heimischen Krankenkassen, die schon zu einer
Zeit mit dem Kalauer »kranke Kassen« bedacht
worden sind, als Staberl noch gar nicht bei der
Krone gewesen ist. Ich bekenne, diesen so öd
gewordenen Sager dazumalen schon in einer ganz
anderen Zeitung verwendet zu haben.

Wo winkt Abhilfe! Dass es nicht allein damit
getan sein wird, den obersten Chef, den Gewerk-
schaftsboss Sallmutter also, zu feuern, dessen
kommoder Ratschlag sich in der Forderung nach
Beitragserhöhungen erschöpft, ist klar. Es sind
daher auch schon andere Rettungsvorschläge

gemacht worden, von denen zumindest einer
äußerst diskutabel scheint. Man möge doch,
wurde vonseiten des Koalitionspartners FPÖ
angeregt, die »Pflichtversicherung« zur Krankenkassa durch eine »Versicherungspflicht« zu ersetzen. Das hieße also, dass auch künftig jeder kran-
kenversichert sein müsste, sich aber seine
Versicherungsanstalt frei aussuchen könnte.
Grundsätzlicher Gedanke hier: Wer ohne Konkurrenten im staatlich gesicherten Faulbett liegt,
wird sich nicht sehr anstrengen.

Das hat aber die ÖVP-Generalsekretärin Rauch-
Kallat arg in Harnisch gebracht. Logisch freilich:
Eine Partei, die an der Zwangsmitgliedschaft zu
ihrer Wirtschaftskammer ebenso eisern festhält,
wie die SPÖ zur Zwangsmitgliedschaft bei der
Arbeiterkammer, muss auch für die Zwangsmitgliedschaft bei der Krankenkassa eintreten. Interessant alterdings, wie Frau Rauch-Kallat ihr
Bekenntnis zu dieser Zwangsmitgliedschaft
begründet hat. Die beste medizinische Versorgung, hat sie uns im Brustton einer ganz falschen
Überzeugung wissen lassen, müsste allen Bürgern
gleichermaßen zur Verfügung stehen. Es dürfe
keine »Zwei-Klassen-Medizin« geben.

Dies lässt nun den Schluss zu, dass die ÖVP-
Generalsekretärin, wenn überhaupt jemals, dann
zumindest schon lang nicht den Versuch unter-

nommen hat, sich im Krankheitsfall einer berühmten medizinischen Kapazität mit einem Krankenschein zu nähern. Der Herr Professor hätte da wohl für eine solche Patientin nur ein nachsichtiges Lächeln übrig gehabt.

Die als Schreckgespenst an die Wand gemalte Zwei-Klassen-Medizin existiert nämlich in der harten Praxis schon seit eh und je – welche politische Partei immer gerade am Ruder gewesen sein möge. Wer die besten oder zumindest die berühmtesten Ärzte haben will, muss diesen, sei er nun bei der Krankenkassa oder nicht, als Privatpatient kommen. Wer vom Herrn Primarius persönlich operiert werden will, muss zahlen. Wer hingegen nur mit dem Krankenschein aufkreuzt, hat in überfüllten Wartezimmern brav zu warten. In diese missliche Lage wird Frau Rauch-Kallat freilich kaum kommen.

Zwei Klassen, Methode Kishon
(2001)

Neulich haben wir hier in angemessener Ehrfurcht vor der Weisheit politischer Entscheidungsträger die Entschlossenheit zur Kenntnis nehmen dürfen, mit der sich die ÖVP-Generalsekretärin Rauch-Kallat einem Vorschlag aus den Reihen des blauen Koalitionspartners entgegengestemmt hat, die bisherige Pflichtversicherung zur Krankenkassa durch eine Versicherungspflicht zu ersetzen. Hier sollte zwar jeder weiterhin versichert sein, könnte sich jedoch seine Versicherungsanstalt selber aussuchen. Arg revolutionär ist diese Idee freilich gar nicht; so halten wir es ja immer schon bei der Haftpflichtversicherung für Automobile.

Bei der ärztlichen Versorgung der Bevölkerung aber, so ließ uns die Generalsekretärin wissen, müsse die Pflichtversicherung im Interesse einer medizinisch gleichwertigen Versorgung aller Bevölkerungsschichten aufrechtbleiben; eine »Zwei-Klassen-Medizin« würde daher nie die Zustimmung ihrer Partei finden.

Als ich auf diese Weise vernahm, dass es Leute gibt, die nachhaltig genug mit Blindheit geschlagen sind, um nicht zu erkennen, dass es eine solche Zwei-Klassen-Medizin schon seit eh und je gibt – jene, die genug Geld haben um sich die teuersten Ärzte leisten zu können, und jene, die mit der Krankenkassa vorlieb nehmen müssen –, geriet mir sofort eine höchst amüsante Geschichte in Erinnerung, die ich irgendwann einmal gelesen hatte. Ach ja, aus der Feder des von mir hoch geschätzten Ephraim Kishon stammte sie, der die Zwei-Klassen-Medizin mit den Mitteln des Humors viel besser geschildert hatte als dies in programmatischen Absichtserklärungen je möglich wäre.

Leider fand ich die Geschichte in keinem der Kishon-Bände, die bei mir auf dem Regal stehen. Möglich, dass sie der Autor nur in einer Zeitung veröffentlicht hatte. Ich nehme mir daher die Freiheit, mit meinen Worten nachzuerzählen, was Kishon einmal so köstlich geschrieben hatte.

Es ging um einen berühmten Professor und Chirurgen, der überdies auch noch hypnotisieren konnte. Als Hypnotiseur suggerierte er nun Magenoperierten, die nach überstandenem Eingriff nur ihre fade Diätkost essen durften, den Verzehr der besten Leckerbissen. Es aß also einer seinen Grießbrei und vermeinte, sich gerade an

Kaviar und Hummer zu delektieren. Die daraus resultierende Hochstimmung, so vernahm es der in jungen Jahren auch als Reporter tätig gewesene Kishon aus dem Mund des Professors, verkürze den Heilungsverlauf in äußerst günstiger Weise.

Nun wollte der Reporter aber wissen, ob der Professor denn ausnahmslos alle Patienten hypnotisieren könne. Nein, lautete die Antwort: nur solche, die für Hypnose empfänglich sind.

Damit war aber Kishons Neugierde noch nicht befriedigt. Er wollte auch wissen, wieso denn der Professor dem einen Patienten lediglich Rindfleisch und Gemüse, dem anderen hingegen ein Châteaubriand mit drei Beilagen suggeriert hatte.

Rindfleisch mit Gemüse, entgegnete der Professor, kriegen die Kassenpatienten; wer Châteaubriand will, soll als Privatpatient kommen!

Vom Ladenschluss im Biedermeier
(1996)

Von den Zeiten des berühmt-berüchtigten Staatskanzlers Metternich bis hinauf in unsere Tage sorgt sich der österreichische Obrigkeitsstaat schier unermüdlich um seine Untertanen. Würde hier aber nicht fortwährend geheuchelt, sondern die Wahrheit gesprochen, dann müsste die einheimische Obrigkeit ihren für unmündig gehaltenen Bürgern auf dem Dekretweg etwa folgenden Ukas verpassen: »Du, der du nur über einen beschränkten Untertanenverstand verfügst, kannst nicht ermessen, was dir gut tut und was nicht. Aber zu deinem Glück hast du mich, deinen allsorgenden und allmächtigen Staat: der wird dir in jeder Lebenslage – nur zu deinem Vorteil, wohlgemerkt! – vorschreiben, was zu tun dir frommt und was zu unterlassen deine Untertanenpflicht ist ...«

Natürlich sagen es die Staatskanzler von heute nicht gar so direkt. Indem ihnen die schönen Worte wie Honigseim von den Lippen fließen, reden sie vielmehr von Freiheit, Bürgerrechten,

Demokratie und Pluralismus. Die drauffolgenden Taten freilich stehen in flagrantem Gegensatz zu den feierlichen Worten. Da wird nämlich der eben noch verbal so umschmeichelte Untertan gegängelt und drangsaliert, dass wohl selbst der Fürst Metternich ein wenig neidisch geworden wäre.

Unter Metternich war es ja zum Beispiel noch jedem rechtmäßigen Eigentümer einer Vermischten Warenhandlung durchaus freigestellt, sein G'wölb ganz nach Gutdünken und Geschäftsgang auf- oder zuzusperren.

Man weiß das etwa aus Nestroys »Jux«, wo doch der Kommis Weinberl – eine unvergessliche Paraderolle des kürzlich verstorbenen Josef Meinrad! – die Abwesenheit seines Prinzipals Zangler ausnützte, um den Laden zu schließen und mit dem Lehrbuben Christopherl – unvergesslich Inge Konradi! – auf Abenteuer zu gehen und endlich einmal ein »verfluchter Kerl« zu sein.

Von der im Biedermeier und unterm Metternich gewährten Freiheit des Auf- und Zusperrens der Geschäfte sind wir aber heute weit entfernt. Die heutigen Metterniche hätten dem Herrn von Zangler genau vorgeschrieben, wann er zum Vorteil seiner Handelsangestellten Weinberl und Christopherl zuzusperren habe; und auch das Aufsperren wäre im Einklang mit der für Vermischte

Warenhandlungen zuständigen Gewerkschaft amtlich festgelegt worden.

Im heutigen Biedermeier dürfen zwar Ärzte, Lokomotivführer oder Polizisten, keineswegs aber Handelsangestellte am Abend, an Feiertagen oder an Wochenenden arbeiten. Den letztgenannten Werktätigen ist vielmehr nach dem unerforschlichen Ratschluss der Gewerkschaft ein geschlossenes Wochenende wie einem englischen Lord einzuräumen. Dazu heißt es auch noch, vonseiten des Publikums bestünde doch eh kein Bedarf nach liberalen Ladenschlusszeiten.

Wie falsch das ist, zeigt sich jetzt am Beispiel unserer Tankstellen! Die haben ja ein Hintertürl gefunden, um auch am Abend Lebensmittel verkaufen zu können. Siehe da: dieses Geschäft macht schon ein Drittel des Umsatzes aus. Ob das ein zeitgenössischer Metternich nicht ehebaldigst verbieten wird?

Wie aus einem Sketch von einst
(1996)

Mein alter Freund Gunther Philipp war einstens als versierter Ohrenwackler eine eherne Säule des deutschen Lustspielfilms. Auch bei der erstaunlichen Beweglichkeit seiner Kopfhaut konnte ihm keiner das Wasser reichen. Beiden Fertigkeiten hatte Gunther stets einen nicht unbeträchtlichen Teil seiner insgesamt beträchtlichen Gagen zu verdanken.

Jede Annahme freilich, hier sei doch nur ein billiger Possenreißer von mäßiger geistiger Kapazität am Werk gewesen, ginge arg in die Irre. Wahr ist vielmehr, dass Gunther Philipp einer der intelligentesten Menschen ist, die mir je begegnet sind. Seit ich ihn in den Fünfzigerjahren kennen gelernt habe, ist der blitzgescheite und überdies hochgebildete Komödiant an frappanter Beweglichkeit seines Geistes kaum von irgendeinem meiner Freunde übertroffen worden.

Da hat er etwa Mitte der Sechzigerjahre, also in der längst legendär gewordenen Zeit der so maßlos überhitzten Hoch- und Überkonjunktur, ein-

mal einen Sketch geschrieben und gespielt, der die
per Inserat betriebene Suche eines Wiener Lehrbuben nach einem »Fortschrittlichen Meister«
zum Ausgangspunkt hatte. Der Reihe nach näher-
ten sich da die gewerblichen Bittsteller dem
jungen Mann. »Was …!«, sagte dann etwa dieser
voller Empörung. »Ohne Blumen kommen S'
daher? Na, Sö traun Ihna was …! Und überhaupt –
geben S' Eahnan Huat oba …!«

Diese Kabarettnummer, die bei aller Über-
zeichnung einen damals gegebenen Sachverhalt
trefflich geschildert hat, ist mir jetzt anhand der
jüngsten Meldungen aus dem so arg in die Krise
geratenen Semperit-Reifenwerk in Traiskirchen
akut eingefallen. Da scheint es nämlich Leute zu
geben, die sich in krasser Unbelehrbarkeit noch
immer in jenen Zeiten wähnen, da sich die Meister mit dem Hut in der Hand bei den Lehrbuben
anzustellen hatten. Anders wäre ja nicht zu
erklären, was sich da jüngst in Traiskirchen abge-
spielt haben soll. Da hat sich also ein Unternehmer aus Kärnten bereit erklärt, in einer leer
stehenden Halle des Semperit-Werks eine ganz
andere Produktion zu installieren und dazu auch
noch stellenlose Semperit-Mitarbeiter zu beschäftigen.

Als der Mann allerdings gewisse einschlägige
Bestimmungen zur Kenntnis nehmen musste, ist

er von seinem Plan geschwind abgerückt. Er hätte sich nämlich verpflichten müssen, den ehemaligen Semperit-Mitarbeitern alle Arbeits- und Tarifverträge und auch alle betrieblichen »Sonderleistungen« in vollem Ausmaß einzuräumen. Damit war der ganze Plan auch schon gestorben, weil ja ein privater Unternehmer mit den Gepflogenheiten eines privilegierten und sich des allerhöchsten Staats- und Gewerkschaftswohlwollens erfreuenden Großbetriebs nicht mithalten kann.

Der Kärntner ließ daher verlauten, er werde mit seiner Produktion lieber ins Burgenland gehen, wo die feinen EU-Subventionen winken – wenn nicht überhaupt nach Ungarn und seinen niedrigen Arbeitslöhnen.

Ein solches Szenarium hätte sich der Gunther Philipp einstens noch gar nicht zu erfinden getraut.

Vom Segen der Dürftigkeit
(1992)

M ein letzthin hier erschienener Beitrag »Seines Unglücks eigener Schmied« – Quintessenz: Rauschgiftsucht ist nicht unverschulde-
tes, sondern selbst verschuldetes Unglück – hat
mir neben breiter Zustimmung auch den Tadel
einer Leserin eingebracht, deren süchtige Tochter
ihr schon unermessliches Leid bereitet hat.

Der Tadel beginnt mit einem Hinweis, den ich
freilich nicht unwidersprochen lassen kann. Es
seien doch gerade die sensibelsten und daher auch
wertvollsten jungen Menschen, behauptet die
unglückliche Mutter, die dem Rauschgift erlie-
gen. Diese abenteuerliche Aussage mag aus der
Psyche der leidgeprüften Frau heraus verständlich
erscheinen; zu beweisen wird sie wohl nirgends
sein. Weit eher als die wertvollsten werden es
wohl die unsicheren und labilen Naturen sein, die
sich ins Rauschgift flüchten.

Dies aber nur nebenbei. Viel wesentlicher
ist der abschließende Satz in dem Brief meiner
Kritikerin. »Danken Sie Gott«, schreibt sie mir,

»dass Sie nicht auch als junger Mensch in Kreise geraten sind, die Sie zum Rauschgift verführt haben ...!«

Zur Abstattung meines einschlägigen Danks müsste ich aber den lieben Gott gar nicht bemühen. Auch meiner eigenen Weitsicht und Widerstandskraft gegen die Verlockungen des Rauschgifts dürfte ich mich nicht rühmen. Ich wäre ja gar nicht erst dazu gekommen, Widerstand zu leisten. Es hat nämlich in meiner Jugend gar keine Kreise gegeben, die mich zum Rauschgift hätte verführen können. Dies aber geht wiederum auf einen überaus einfachen Grund zurück, der sich in die für damals beklagenswerte Tatsachenmitteilung zusammenfassen ließe, dass wir ja gar kein Geld gehabt hätten, um Rauschgift kaufen zu können.

Ob wir jemals sensibel oder gefühlsroh, wertvolle Naturen oder miserable Nachwuchs-Zeitgenossen gewesen sein mochten, spielte gar keine Rolle. Da wir kein Geld hatten, ist uns auch nichts angeboten worden. Da wir stier waren, haben sich auch keine Dealer – oder wie man dergleichen dazumalen vielleicht genannt hätte – an uns herangemacht. Den Beweis, dass wir besser, vernünftiger oder moralischer gewesen wären als die Jugend von heute, hätten wir also gar nicht antreten können. Er wäre uns ja übrigens ebenso wenig gelungen, wie er je einer älteren Generation gegenüber der jüngeren gelungen wäre.

Klarerweise ist ja keine Generation jeweils schlechter oder besser als eine andere. Verschieden sind nur jeweils die Umstände. Hätte ich, nur so beispielsweise, einen reichen Vater gehabt, dann wäre wahrscheinlich aus mir überhaupt nichts geworden. Dann hätte ich ja meinen natürlichen Hang zur Faulheit ausleben können; und vielleicht wäre ich dann auch aufs Rauschgift verfallen.

Vor eine Entscheidung bin ich aber nie gestellt worden. Da nicht einmal ein neues Fahrrad finanzierbar gewesen ist, hätte ich für Drogen erst recht kein Geld gehabt. So kann auch materielle Dürftigkeit – die mir aber, weil die anderen auch nicht mehr hatten, die Freude an der Jugendzeit nicht genommen hat – zum Segen werden.

Von Kometen und Defiziten
(1994)

Dass von einem Kometen nix Gutes zu erwarten ist, hat uns schon der versoffene Schustergeselle Knieriem in Nestroys »Lumpazivagabundus« expliziert. Sein Kometen-Couplet und der ihm vorangehende zungenbrecherische Monolog markieren wohl einen stolzen Höhepunkt der abendländischen Komödienliteratur.

Damals, im Biedermeier, war der Halleysche Komet gemeint. Doch auch der zeitgenössische Komet mit dem einprägsamen Namen »Shoemaker Levy 9« hat es in sich. Ob er der Erde traditionell Unglück bringen wird, steht noch nicht fest, ist aber wohl auch nicht so wichtig: auch ohne Kometen mangelt es unserer Welt an Malheur durchaus nicht.

Den »Shoemaker Levy 9« hat es vor zwei Jahren in 21 Teile zerrissen. Diese Trümmer sind jetzt genau in Richtung auf den Jupiter zugeteufelt, den größten Planeten unseres Sonnensystems. Ein ganzes Schüpperl von Monden hat dieser Jupiter, vier Stück von ihnen sind mit je-

dem billigen Fernrohr von der Erde aus zu beob-
achten.

Wie die Astronomen ausgerechnet haben, dass
die Shoemaker-Trümmer genau zwischen dem
16. und dem 22. Juli 1994 auf den Jupiter stürzen
werden, darf uns wohl Schauer der Bewunderung
abnötigen; noch respektabler die genaue Prognose, dass die Shoemaker-Fragmente leider auf der
erdabgewandten Seite des Jupiter einschlagen
würden. Dergleichen übersteigt glattweg die
menschliche Vorstellungskraft.

Doch was will man? Der gewöhnliche Bürger –
und Wähler, wie man angesichts des unerbittlich
herannahenden Urnengangs vom 9. Oktober wohl
hinzufügen darf – kann sich ja auch nicht vorstellen, wie viel 1,2 Billionen sind. Daher macht
sich der Bürger und Wähler, zur Erleichterung
zuständiger Politiker, auch keinen Begriff, welch
Schuldenstand seine Republik noch heuer ange-
häuft haben wird. Schon Ende 1993 hatte die
Finanzschuld des Bundes die abenteuerliche Höhe
von 1109 Milliarden erreicht, um 117 Milliarden
oder 11,8 Prozent mehr als ein Jahr zuvor. Per
ultimo 1994 wird die unvorstellbare Marke von
1200 Milliarden bereits deutlich überschritten
sein. Damit das aber nicht gar so bedrohlich aus-
schaut, heißt es jetzt: 1,2 Billionen.

Der katastrophale Sachverhalt hat indessen

seine erstaunlichen Konsequenzen in Bezug auf den voraussichtlichen Eintritt Österreichs in die EU per 1. Jänner 1995. In dieser EU haben sie nämlich – so arge Bürokraten sind sie eben in Brüssel! – seinerzeit schon verfügt, dass die öffentliche Verschuldung eines Mitgliedstaates 60 Prozent des Bruttoinlandsproduktes nicht überschreiten darf. Mit unserer Rekordverschuldung von 1,2 Billionen, die erst im Vorjahr geradezu explosionsartig zugenommen hat, hätten wir aber bereits 62,6 Prozent erreicht. Österreich wäre also dann, wie sagt man so gern: nicht europareif.

Wie schade doch!

Ungeheuer vermischt
(1994)

In der großartigen Posse »Einen Jux will er sich machen« unseres genialen Landsmannes Johann Nestroy begibt sich im ersten Akt die folgende Szene zwischen dem »Vermischten Warenhändler« Zangler und dem »vazierenden Hausknecht« Melchior, der einen neuen Posten sucht.

Zangler: »Hat Er Kenntnisse in der vermischten Warenhandlung?«

Melchior: »O, sehr viel! Wir hab'n zwar da, wo ich war, nur einen Artikel g'habt, aber der war ungeheuer vermischt, ich bin aus einer Weinhandlung.«

Das Stück wurde am 10. März 1842 mit durchschlagendem Erfolg zum ersten Mal aufgeführt. Mehr als anderthalb Jahrhunderte später aber können wir daraus ersehen, wie gemütlich doch die Weinpantscherei dazumalen noch betrieben worden ist. Man wird wohl hauptsächlich mit Wasser und ein paar Aromastoffen gearbeitet haben, schon weniger mit Zucker, denn der war im Biedermeier eine gar teure Ware.

Zumindest für die Gesundheit relativ harmlos war auch unser einstiger »Weinskandal«. Da wurde mithilfe von Diäthylenglykol aus billigem Konsumwein »Kabinettwein« fabriziert; ein glatter Betrug, der aber zumindest keine gesundheitlichen Nachteile gebracht hat. Das Glykol wird ja in den künstlichen Süßstoffen überall gern und häufig konsumiert.

Doch heute hat es wohl so mancher Wein in sich! Da gibt es zum Beispiel in Frankreich den gar berühmten Châteauneuf-du-Pape, von dem so manche Creszenzen auf den Weinkarten renommierter Luxusrestaurants zu sagenhaften Preisen umgehen. Jetzt haben belgische Wissenschaftler zumindest in jenen Sorten, die an den französischen Autobahnen A 7 und A 9 gezogen werden, geradezu abenteuerliche Mengen von Giftstoffen festgestellt. Zwischen zehn- und hundertmal so viel Trimethylblei, wie im Trinkwasser amtlich toleriert wird, ist in diesen Weinen nachgewiesen worden. Wohl bekomm's!

Das Blei, das zu schweren Hirnschäden führen kann, kommt aus den Auspufftöpfen der Automobile, die sich zu Hunderttausenden über die beiden Schnellverbindungen wälzen. Davon konnte Nestroy freilich noch lang nichts ahnen.

Nun kann der Wein, mit Vernunft genossen, ganz erheblich zur Lebensfreude beitragen, doch lebensnotwendig ist er gewiss nicht. Man kann also auch Wasser trinken oder Limonade; selbst ein berüchtigter, lebhaft an Möbelpolitur gemahnender amerikanischer Drink schmeckt rätselhafterweise so manchem. Aber weiß man denn, was im Trinkwasser alles drin ist? Nitrat, Kolibakterien und sonstigen Unrat hat man da schon festgestellt, laut einer Statistik der UNO-Weltgesundheitsorganisation WHO verfügen 73 Prozent aller Menschen über kein einwandfreies Trinkwasser. Auch beim Essen weiß man ja nie, was man mitkonsumiert: mit dem Fleisch Hormone, mit Fisch Quecksilber, mit Gemüse Insektizide und Kunstdünger. Gar nichts essen und trinken ist aber wohl auch nicht so gesund. Drum ein herzliches Prost zur ausklingenden Sommerszeit! Es muss ja nicht gerade ein Châteauneuf-du-Pape sein.

Die Konservativen von Österreich
(1997)

In eventuell nicht ganz uneigennütziger Weise hat also jetzt unser Bundeskanzler die heimischen Zeitungen und ihre Journalisten stark gelobt. Journalistische Auswüchse wie dort etwa, wo die skrupellosen Paparazzi eben die Prinzessin Diana zu Tod gehetzt haben, könne es gottlob bei uns nicht geben, weil doch die österreichischen Zeitungen jederzeit die Schranken von Privatleben und Intimsphäre achteten.

Dass Klimas Lob weniger unseren Zeitungen als vielmehr der einheimischen Leserschaft gebührt hätte, ist gestern hier schon ausgesagt worden. Es zeugte allerdings von Überheblichkeit, wollte man feststellen, dass österreichische Zeitungsleser ganz prinzipiell besser seien als etwa englische, französische oder amerikanische. Die österreichischen Leser sind nur, wie überhaupt das gesamte österreichische Publikum, viel konservativer. Die Österreicher machen nicht alle Exzesse, die gerade »in« sind, blindlings mit. Dies ist das eigentliche Lob, das die Österreicher verdienen.

In der Kunst etwa wird der konservative Geschmack der Österreicher oft als rückständig abqualifiziert. Die musikalische Liebe des heimischen Publikums, so wird beklagt, höre doch leider spätestens bei Gustav Mahler auf. Doch wenn man dann, weil man vielleicht die Mitternachtsnachrichten hören will, auf Ö 1 noch ein paar Minuten lang von den Geräuschproduktionen zeitgenössischer Komponisten gepeinigt wird: dann kann man gewiss nicht umhin, den so abschätzig beurteilten konservativen Musikgeschmack der Österreicher hellauf zu preisen.

Wer sein Vergnügen an Shakespeare, Schiller, Molière oder anderen großen dramatischen Dichtern gefunden hat, wird weder der Frau Elfriede Jelinek, die außer einem eklatanten Mangel an Talent wenig bis gar nichts zu bieten hat, noch ihren kongenialen Spießgesellen von der Staatskünstler-Riege etwas abgewinnen können. Wer sich je an der Sprachkunst Hölderlins oder, um näher an unsere Zeit heranzukommen, an dem makellosen und seither nie wieder erreichten Deutsch der literarischen Giganten Joseph Roth, Stefan Zweig oder Alfred Polgar begeistert hat, wird mit dem wirren Gestammel zeitgenössischer Dichter wenig Freude haben. Wer das Treiben wild gewordener Regisseure kennt, wird sich gar bald aus dem Theater vertrieben fühlen.

Unser Jahrhundert, das in Sachen Kultur noch so hoffnungsfroh begonnen hat, steht wohl im Begriff, reichlich kulturlos zu enden. Das haben in überwältigender Mehrheit auch jene Österreicher erkannt, die durchaus nicht Kunst-, Musik- oder Literaturgeschichte studiert haben. Dass Bruckners Achte ein ewiges Meisterwerk, dass Gogols »Revisor« eine auch politisch umwerfende Schöpfung, dass Polgars literarische Kleinodien kostbare Perlen sind, vergleichbare zeitgenössische Werke hingegen vorzugsweise das Prädikat »Besonderer Pofel« verdienen, haben die Österreicher längst erkannt.

Durchaus erwünschte Nebenwirkung aber, dass bei uns auch die Sudelzeitungen und ihre Paparazzi auf keinerlei Akzeptanz hoffen dürfen.

Zum Ärger der Roda-Roda-Fans
(1989)

Zuweilen ist man ganz froh, dem Jünglings-
alter schon einigermaßen entwachsen zu
sein. Wäre ich noch so jung, dann hätte mich die
Sache ja noch viel ärger getroffen. So aber nahm
ich's beinahe hin, wie man halt so manchen
Stumpfsinn hinnimmt, der uns im Fernsehen serviert wird. Aber doch nur beinahe: Denn der
Mann, der da in unserem Fernsehen gar so unbarmherzig verhunzt worden ist, war zwar das
ganz besondere Idol meiner jungen Jahre – doch
meine Hochachtung gilt und mein Vergnügen
beim Lesen verdanke ich ihm ungeschmälert bis
zum heutigen Tag.

Mein Idol von einst hieß Sandor Friedrich
Rosenfeld, ist unter diesem Namen kaum jeman-
dem, als »Roda Roda« hingegen sehr vielen als
eminent witziger Schriftsteller bekannt.

Roda Roda, geboren 1872 im damaligen Slawo-
nien und gestorben 1945 im Exil in New York, hat
auch zusammen mit seinem Mitautor Carl Röss-
ler das erfolgreiche Lustspiel »Der Feldherrn-

hügel« geschrieben, worin die alte österreichische Armee, deren nicht übermäßig anpassungsfähiger Offizier Roda Roda immerhin jahrelang gewesen ist, nicht sehr gut weggekommen ist. Daher hat damals die Zensurbehörde etliche Änderungen des Textes verlangt, welchem Ansinnen sich aber die beiden Autoren in einem immer hitziger werdenden Disput so lange widersetzten, bis der zuständige Zensurbeamte erbost ausrief: »Dann, meine Herren, nehmen Sie zur Kenntnis: So lange die österreichisch-ungarische Monarchie besteht, wird dieses Stück in dieser Fassung nicht aufgeführt werden!«

Da wurde Roda Roda urplötzlich ganz ruhig. Er stieß seinen Partner an und sagte: »Also gut – dann warten wir halt noch die paar Wochen …«

Eine Dialogstelle von dieser Art hätte man ja noch ins Fernsehen bringen und umsetzen können. Aber die unzähligen Schwänke und Schnurren Roda Rodas, die nur vom geschriebenen und vor allem nur vom gelesenen Wort leben können? Was da im Fernsehen daraus gemacht worden ist, musste jeden Roda-Enthusiasten die Gänsehaut über den Rücken treiben.

Apropos Gans! Wer Roda Roda kennt, dem ist »Die Gans von Podwolotschyska« mit dem galizischen Wirt namens »Zibebenstrudel« ein Begriff. Wie die Geschichte von dem viergängigen

Menü in der Bahnhofswirtschaft des Grenzbahnhofes zum zaristischen Russland jetzt im Fernsehen serviert worden ist, müsste Roda Roda veranlassen, sich im Grab umzudrehen, oder wenn schon nicht das: dann müsste immerhin die Urne mit seiner Asche rotieren wie ein Brummkreisel.

Aber es ist ja schon die allererste Geschichte ganz danebengegangen. Wie Roda Roda seinen »Johann Kiefer« geschrieben hat, ist zum Totlachen – im Bild ist die Geschichte von dem Divisionär Johann Kiefer und dem nichtsnutzigen Zigeuner, der ebenso zufällig (wie so oft bei Roda Roda!) auch Johann Kiefer heißt, bestenfalls so lustig wie die Lektüre der jüngsten Steuervorschreibung.

Aber vielleicht muss man den Herrschaften vom Fernsehen Gerechtigkeit widerfahren lassen. Vielleicht ist es ja gar nicht möglich, in Bilder umzusetzen, was Roda Roda so zwerchfellerschütternd niedergeschrieben hat!

Gut. Dieser Meinung bin ich gewiss. Nur – warum haben sie's dann gemacht?

Die Verwaltung Cisleithaniens
(1980)

Was »Cisleithanien« war und wo dieses Land liegen mochte, werden heute die wenigsten Zeitgenossen mehr wissen. Dabei ist die Sache ganz einfach; Cisleithanien war, grob gesprochen, dort, wo wir heute sind. Cisleithanien – »diesseits der Leitha« war die österreichische Reichshälfte unserer alten Monarchie. Das Land war allerdings noch wesentlich größer als unsere heutige Republik und zählte rund zwanzig Millionen Einwohner.

So viel zur Geografie von gestern, doch nun wenden wir uns einer weit ernsteren Sache zu, nämlich dem schier unaufhaltsamen Anwachsen des Beamtenheeres in den modernen Staaten. Da bekomme ich unlängst eine Aufstellung zu Gesicht, die mich belehrt, dass es im Jahre 1907 in ganz Cisleithanien 80 000 Staatsbeamte gegeben hat; Postbedienstete und Eisenbahner bereits eingeschlossen. Diese simple statistische Aussage scheint aufs erste Hinschauen nicht viel zu besagen, gewinnt aber enorm an Aussagekraft, wenn man sich vor Augen hält, wie viele Staatsbeamte unserem heutigen Österreich mehr oder weniger treu dienen.

Bitte sehr: Heute beschäftigt allein die Bundesverwaltung – Gemeinden und Bundesländer also nicht etwa mitgezählt! – 291 000 jener Beamten, die im korrekten Amts- und Kurialdeutsch »öffentlich Bedienstete« genannt werden. Also: 80 000 in der österreichischen Hälfte der Monarchie damals, 291 000 im Österreich von heute. Oder 80 000 für rund zwanzig Millionen – 291 000 für rund siebeneinhalb Millionen.

Wer da dividieren oder jedenfalls einen Taschenrechner bedienen kann, dem offenbart sich das Ausmaß der Tragödie noch viel nachhaltiger. Nämlich so:

Im österreichischen Teil der Monarchie sind auf je eintausend Einwohner vier beamtete Staatsdiener gekommen. Im heutigen Österreich hingegen werden je eintausend Einwohner bereits von 39 Beamten verwaltet!

Auf welche Weise der mörderische Wucherfraß der Verwaltung zustande kommt, hat uns vor drei Jahrzehnten bereits der geniale Professor Parkinson in seinem »Parkinsonschen Gesetz« erläutert. Der Professor hat uns auch darüber belehrt, dass jedwede bürokratische Verwaltungseinheit von einem gewissen Stadium an keiner Aufgabe und keiner Arbeit mehr bedarf; vielmehr ist sie durchaus imstande, sich mit der Verwaltung ihrer selbst ganz ausreichend zu beschäftigen. Parkinson hat der Welt nicht nur die mathematische Formel geschenkt, mit deren Hilfe man ausrechnen kann, wie viele Bürokraten ein Amt, das heute zum Beispiel zehn Mitarbeiter hat, in fünfzehn Jahren haben wird. Noch sensationeller die ergänzende These Parkinsons, dass sich nämlich die immer während und gleichmäßige Vermehrung der Beamten völlig unabhängig davon vollzieht, ob das zu leistende Arbeitspensum

a) mehr wird,
b) gleich bleibt,
c) weniger wird oder
d) gänzlich wegfällt.

Der letztgenannte Teil der These geht auf einen ganz konkreten Fall zurück. In Parkinsons englischem Heimatland wurde seinerzeit im Kolonialamt eine Dienststelle entdeckt, die mit der Verwaltung einer Insel beschäftigt war, die schon seit Jahren nicht mehr zu England gehörte.

Da keimt in uns, die wir schon 291 000 Beamte haben, jäh ein Verdacht auf. Vielleicht verwalten so manche unserer Staatsdiener noch jene Teile von Cisleithanien, die längst nicht mehr bei Österreich sind!

Wo uns der Balkan hat
(1980)

Ob es seinerzeit einmal der allmächtige Staatskanzler oder aber vielleicht die Pauline Metternich, wenn nicht gar irgendjemand anderer gewesen sein möge, dem wir den schönen Ausspruch verdanken, wird sich wohl schon im Dunkel der Historie verloren haben. Der Ausspruch selber aber steht da wie ein Granitfelsen und lautet: »Der Balkan fängt auf dem Wiener Rennweg an.«

Bitte sehr, im Lauf der Jahrzehnte und Jahrhunderte können sich solche Grenzen natürlich ein wenig verschieben. Die Grenze zum Balkan – nicht als geografischer, sondern vielmehr als moralischer Begriff – dürfte derzeit bereits mit unserer Staatsgrenze zur Schweiz zusammenfallen. Der kuriose Fall eines Herrn aus Vorarlberg, der unlängst erst einmal mit seinem schwarzen Geldkoffer solche Furore gemacht hat, dass er – der Herr, nicht der Koffer! – mittlerweile hinter Schloss und Riegel gesetzt worden ist, beweist ja zur Genüge, dass sich im heutigen Österreich selbst der lauterste Alemanne nicht auf ewig dem Einfluss des Balkans entziehen kann.

Es fängt dabei schon mit an sich unbedeutenden, aber sehr symptomatischen Kleinigkeiten an, die der Untersuchungsrichterin Partik-Pablé noch lange keinen Grund zum Einschreiten geben könnten. Selbst bei einer vergleichsweise so seriösen Institution wie der Polizei hat ja, ganz harmlos und ebenso selbstverständlich, der Geist orientalischer Basare schon längst seinen Einzug gehalten. Wer's nicht glaubt, hört sich jetzt eine kleine, aber äußerst lehrreiche Geschichte an.

Da plaudere ich also unlängst in privatem Kreis mit einem Polizeifunktionär über die neue »Aktion scharf«, die jetzt endlich, vor allem in der Bundeshauptstadt Wien, den Schnellfahrern und sonstigen Verkehrssündern – zum wievielten Mal eigentlich schon? – das blutige Handwerk legen soll.

Ich bin, sage ich einleitend und wahrheitsgemäß, ein Langsamfahrer aus Überzeugung. Mehr als 110 auf der Autobahn und 80 auf Landstraßen kommen mir kaum jemals auf den Tacho. Doch fürchte ich halt, dass man sich im Zug der kommenden Aktion halt wieder an jene halten wird, die vielleicht dort, wo man wirklich gefahrlos 80 fahren könnte, mit Tempo 70 fahren, obwohl doch offiziell nur 50 erlaubt ist. In diesem

Zusammenhang nenne ich ein paar solche mir wohl bekannte Straßenstücke, auf denen man doch wirklich 70 statt der erlaubten 50 fahren könnte.

Da lächelt der Polizeimensch aber fein und teilt mir mit, dass ja kaum jemand wegen Tempo 70 bei erlaubtem Tempo 50 gestraft wird. »Weil wir nämlich«, sagt er mir, «in der Praxis bis 70 eh alles tolerieren.«

In der Praxis! Das heißt aber auch, dass in der Praxis jeder, der sich an das offizielle Gebot hält, gegenüber jenen anderen benachteiligt wird, die sich nicht dran halten. Bestraft mit Zeitverlust, mit mehr Stress, mit dem Einatmen von mehr Auspuffgas.

Warum wird etwas »toleriert«, das doch verboten ist? Die Antwort könnte lauten: weil die betreffende Vorschrift ein Blödsinn ist. Warum aber macht man es dann nicht so, wie es außerhalb der orientalischen Basare doch rechtens sein sollte; nämlich, dass man zunächst einmal die Vorschrift der tatsächlich gegebenen Lage anpasst und dann gar nichts mehr »toleriert«?

Die Antwort: »Schauen S', wenn wir offiziell siebzig erlauben – dann fahrt doch ein jeder seinen Neunziger …!«

Da wusste ich: Der Balkan hat uns und wird uns wohl nimmer so bald auslassen!

80

Das Krokodil der Republik
(1978)

Wie es im Kasperltheater zuzugehen pflegt, weiß man.

Unter dem silberhellen Lachen der versammelten Kleinen betritt da der Kasperl die Bühne und stellt die unvermeidliche Frage: »Kinder – seid ihr alle da …?«

»Jaaa …!«, tönt es gleich vielstimmig zurück. Und damit kann ja das Programm dann losgehen.

Doch da in diesem Leben bekanntlich auch der Frömmste nicht in Frieden leben kann, wenn es dem bösen Nachbarn nicht gefällt, so stellt sich auch im Kasperltheater alsbald das böse Krokodil ein, um mit gewaltig aufgesperrtem Maul und spitzen Zähnen den Kasperl zu verschlingen.

Geht's nur im Kasperltheater so zu?

Parallelen zum Leben sind dann und wann unverkennbar. Speziell auch zum politischen Leben von Österreich.

Wer hier in der Rolle des Kasperls brilliert, soll hier nicht näher untersucht weden; das kann sich eventuell auch jedermann nach Gusto und nach politischer Präferenz aussuchen. Wer aber das Krokodil ist, steht für jeden amüsierten Beobachter schon seit Jahren fest. Otto ist es, der Habsburger, der schon seit langem nur darauf lauert, über unsere wohl installierte Republik herzufallen, um dann zusammen mit einer neuen österreichischen Kaiserkrone auch gleich wieder den Vierzehnstundentag einzuführen und die Kinderarbeit; ganz zu schweigen von der Abschaffung der Renten, des Maiaufmarsches und des Konsumvereines.

Soeben hat es sich wieder gerührt, das schaurige Krokodil im idyllischen und republikanischen Teich des österreichischen Vaterlandes. Die deutsche Staatsbürgerschaft hat der finstere Habsburger angenommen, damit er sich drüben im reaktionären Bayern, mit dem Franz Josef Strauß, der ja auch so ein Reaktionär ist, auf ein Packel hauen kann.

Merkst du was, wachsames republikanisches Ohr ...? F r a n z J o s e f! Da weiß man ja wohl schon alles!

Da könnte es mit der Vollbeschäftigung bald vorbei sein. Und in der Bundeshauptstadt Wien würde das Volkstheater auch nicht mehr lange in den Außenbezirken spielen dürfen!

Gottlob aber haben wir bei uns noch aufrechte und unbeugsame Republikaner, um nicht zu sagen Jakobiner im Land! Schulter an Schulter haben sich der SPÖ-Klubobmann Fischer, der Zentralsekretär Marsch und der republikanische Exeuropapräsident Czernetz schützend vor die Republik gestellt und in einer parlamentarischen Anfrage von Innenminister Lanc die Prüfung verlangt, ob so ein monarchistisches Krokodil inmitten unserer republikanischen Kasperliade nicht auf der Stelle auszubürgern wäre.

Ganz so, als ob wir wirklich gar keine anderen Sorgen hätten!

Doch der Habsburger scheint sich nun um die SPÖ schon erhebliche Verdienste erworben zu haben. Immer dann nämlich, wenn anderweit die Hüte brennen, bietet Otto ja einen hochwillkommenen Anlass zur Ablenkung. Überhaupt jetzt, da wir ja auch drüben in Argentinien trotz Nachexpedierung der Spielerfrauen per Luftfracht ja leider schon ausgeschieden sind!

Das prinzipielle Misstrauen mancher Politiker gegen den Habsburger verstehe ich allerdings, seit ich gestern früh im Radio ein Interview mit ihm gehört habe. Der Mann redet ja in ordentlichen deutschen Sätzen, von denen jeder einzelne ein Subjekt und ein Prädikat aufzuweisen hat! Damit macht man sich zumindest in der österreichischen Politik ja wohl tatsächlich verdächtig.

Das Lob des Daheimbleibens
(1969)

Vor einigen Tagen ist es mir, und das zu der sonst mörderischen Zeit von drei Uhr nachmittags, ohne weiteres gelungen, mitten im Zentrum der Bundeshauptstadt Wien einen Parkplatz zu finden. Und als ich mich im Vollgefühl dieses für einen Autofahrer einmaligen Erlebnisses zu Fuß vom Ort der Handlung entfernte, da wurde ich auf engstem Raum noch weiterer fünf oder sechs Parklücken gewahr.

An einem anderen Tag sprach ich in dem kasemattenartigen Gebäude meines Finanzamtes vor und hatte dort das tiefe und unvergessliche Erlebnis, dass statt der üblichen fünfhundert diesmal nur sechzig Untertanen darauf warteten, von dem zuständigen Referenten zu einer kurzen Audienz empfangen zu werden.

Und selbst beim Heurigen – einer Institution, die ich der Einfachheit halber aufzusuchen pflege, sooft ich ausländische Gäste habe – findet man in diesen Tagen oft ganz leicht einen Platz; und das sogar in einem bevorzugten Winkel, der zumin-

84

dest nicht an der direkten Route des erbarmungs-
los die Szene durchstreifenden Bratelgeigers liegt.

Es ist nämlich in der großen Stadt die goldene,
die selige, die ruhige Zeit des allgemeinen Urlaub-
machens angebrochen.

Der Mann, der mir ansonsten das ganze Jahr
über den Parkplatz wegnimmt, schreibt derzeit
von seiner Marokkopauschalreise hundert An-
sichtskarten mit dem gleich lautenden Text
»Gruß aus Afrika«.

Der Untertan und Steuerzahler aus dem Vor-
zimmer des Finanzamts knipst gerade in Pisa die
Mali-Tant und hat dazu den berühmten Turm als
Hintergrund.

Und der Mann, der normalerweise wie ein Fels
in der Brandung beim Heurigen sitzt, unentwegt
die Vierteln zwitschert und sich dazu das Lied
vom Hausherrn und Seidenfabrikanten auffiedeln
lässt, steht vielleicht gerade vor der Akropolis und
ist insgeheim erbost, dass sie in Griechenland
selbst den Gerebelten oft mit Kolophonium ver-
setzen.

Dadurch weitet sich auf enorme Weise der
Lebensraum für die Daheimgebliebenen.

Auf dieser Welt gibt es allerdings keine Rose
ohne Dornen.

Darum schickt es sich, dass der Mann vor der
Akropolis in seinem bürgerlichen Beruf nicht ein

Weintrinker ist, sondern ein Installateur. Der Wasserrohrbruch, den ich vielleicht schon morgen haben werde und der in meinem zehn Jahre alten, aber schon in erstaunlich geschwindem Verfall befindlichen Wohnhaus ohnehin schon überfällig ist, wird also möglicherweise doppelt peinlich sein; umso mehr, als auch der zweit- und drittnächste Installateur wie auf Kommando gleichzeitig dem Beispiel der alten Germanen gefolgt und nach Süden gezogen sind.

Im Finanzamt geht der Vorteil der geringeren Parteienanzahl durch die Tatsache wiederum verloren, dass sich auch die Hälfte der Referenten auf Urlaub befindet und der verbleibende Rest zur Arbeit außerdem ganz besonders unlustig ist.

Und auch die vakanten Parkplätze sind, je mehr sich die Reisesaison ihrem Höhepunkt nähert, wieder gefährdet. An die Stelle des Herrn Nowak aus Lerchenfeld tritt nämlich Herr Meier aus Bielefeld, der sein Auto an jenem Platz abstellt, einen Stadtplan zur Hand nimmt und sich mit diesem Erkennungszeichen Hilfe heischend an die nächste Ecke stellt, um solchermaßen den Weg zum Schloss Schönbrunn oder, je nachdem, zur Kapuzinergruft zu erbetteln.

Ich habe alles Für und Wider abgewogen. Doch die Urlaubszeit ist für die Daheimgebliebenen immer noch ein großer Segen!

Desperation und Glückseligkeit
(2000)

Bei allem Respekt, den wir der hohen Wissenschaft schulden – aber jetzt haben uns die gelehrten Professoren arg enttäuscht! Durften wir uns eben noch in dem stolzen Bewusstsein wiegen, so zwischen hundertfünfzig- und zweihunderttausend Gene zu besitzen, so werden wir uns künftig mit vergleichsweise mickrigen 30 000 durchfretten müssen. Das ist uns schonungslos enthüllt worden, nachdem nach einem erbitterten Wettlauf zweier Forschergruppen endlich der ganze genetische Bauplan des Menschen – das »Buch des Lebens « – nicht nur entschlüsselt, sondern auch offiziell veröffentlicht worden ist.

Diese unbarmherzige Reduktion unserer Gene auf einen Bruchteil des ursprünglich verheißenen Wertes ist aber noch lang nicht alles, was uns die Gelehrten da angetan haben. Kühl teilen uns die Herren vielmehr auch noch mit, dass sich der Mensch als angebliche Krone der Schöpfung von den übrigen Säugetieren zumindest genetisch kaum unterscheidet. Spitz- und Wühlmaus befinden sich hier in bedenklicher Nähe zum Homo sapiens, der Ochs erreicht genetisch beinahe jeden menschlichen Buchhalter, der Waschbär den Feuerwehrmann, das Meerschweinchen den Bankdirektor, der Pudel den Generaldirektor, die Hausziege eine russische Großfürstin aus dem Zehnerjahr lang vor der glorreichen Oktoberrevolution.

Das ist bitter, haben wir uns doch bisher immer für etwas grundsätzlich Besseres gehalten. Nun lässt sich ja speziell der Hundefreund eventuell noch gern mit seinem Flocki vergleichen. Wir alle wissen dazu, dass die Hunde im Lauf der Jahrtausende schon alle möglichen Eigenschaften des Menschen angenommen haben, speziell auch dessen Unarten. Doch ohne jede Rücksichtnahme reiben uns die zuständigen Kapazitäten auch noch unter die Nase, dass sich selbst vom Menschen bis hinunter zur winzigen Fruchtfliege der genetische Weg nicht allzu weit zieht.

Also gut. Dass der Hund genetisch quasi ein Mensch ist, nehmen wir noch hin. Aber dass auch den Fruchtfliegen, wie sie zuhauf aus dem Bio-Abfall emporschwirren – den wir als umweltbewusste Zeitgenossen extra sammeln, ehe er dann von der Müllabfuhr wieder zusammengeworfen und verbrannt wird –: dass also der Fruchtfliege fast die gleiche Anzahl von Genen wie uns zugeteilt wird, geht entschieden zu weit.

Arg ferner, dass die Professoren auch den kommoden Ausreden die wissenschaftliche Basis entzogen haben, wonach doch an so manchen Widrigkeiten im Leben gar nicht der Mensch, sondern nur seine Gene verantwortlich seien. Nix ist's mit der Schuld der Gene! Wer übergewichtig ist, hat sich vielmehr sein Fett selber hinaufgegessen. Wer stiehlt oder raubt, ist kein Opfer seiner Gene, sondern ein Gauner. Wer säuft, ist selber schuld. Letzteres hat übrigens lang vor den Gen-Forschern schon der große Nestroy gewusst, als er einen einmal arm gewesenen und später reich gewordenen Säufer sinnieren ließ: »Früher hab i aus Desperation gesoffen – jetzt aus lauter Glückseligkeit.«

Da fährt die Eisenbahn drüber
(2000)

Gegen die eherne Solidarität der von den Kapitalisten unbarmherzig ausgebeuteten und überdies permanent schnöd um den Mehrwert ihrer Arbeit betrogenen werktätigen Massen darf, jederzeit nachzulesen bei Karl Marx und seinen diversen Herolden und Schleppenträgern, nix aufstehen. Da fährt, um es im bodenständigen Jargon auszusagen, jederzeit die Eisenbahn drüber.

Zufällig stimmt die beliebte Floskel auch im ganz buchstäblichen Sinn. Bei unserer Eisenbahn wird unter Führung des freigestellten Betriebskaisers zum Streik geblasen. Grund: Die wohlerworbenen Rechte der Bediensteten sind in Gefahr! Die schwarzblaue Regierung, von den 14 EU-Staaten eh schon als lauter Nazis und Fremdenhasser angeprangert, will es jetzt auch noch an der »Vertrauenstreue« gegenüber den Eisenbahnern fehlen lassen.

Wie das, bitte sehr? Leicht erklärt: Als da einmal vom Betreiber der Bundesbahn, der Republik Österreich also, verfügt und von der Gewerkschaft knirschenden Zahns auch hingenommen worden ist, dass künftig kein gesunder Eisenbahn-Werktätiger früher als mit 53 Jahren in Pension gehen dürfe, vermeinte die Gewerkschaft, damit ein für alle Mal ein fast schon übermenschliches Zugeständnis gemacht zu haben. Vorbei die glorreichen Zeiten, da ein Eisenbahner bereits mit fünfzig, ja wie in der Vorkriegszeit auch schon mit 48 Jahren fröhlich in den Ruhestand entschwinden konnte!

Staberl weiß hier übrigens, wovon er redet. Sein Onkel Rudi ist schon vor Zeiten einmal als Lokomotivführer tatsächlich im vergleichsweise zarten Alter von 48 Lenzen in Pension gegangen. Mangelnde Gesundheit ist dabei aber gottlob nicht im Spiel gewesen, sonst wäre ja der ÖBB-Bedienstete Rudolf Nimmerrichter nicht erst im respektablen Alter von 94 Jahren verstorben. Dass er nach seiner Pensionierung auch noch ein paar Jahre lang in seinem erlernten Beruf gearbeitet hat, ohne seine Pension einzubüßen; und dass er sich in seiner Freizeit auch lange als kerngesunder Bergführer betätigt hat, sei mit gebührendem Respekt nur so nebenbei erwähnt.

Jetzt aber sollen die Eisenbahner nicht nur bis zum 53. Lebensjahr schuften müssen, vielmehr plant die schwarzblaue Ausbeuterregierung, auch diese Grenze noch weiter hinaufzusetzen. Derart hinterfotzig ist in diesen Tagen die Reaktion schon wieder am Werk.

Kein Wunder, dass nicht nur die Bundesbahn-Betriebsräte in unbändig proletarischem Zorn schäumen, sondern dass auch noch der alleroberste Gewerkschaftskaiser, der ÖGB-Präsident Verzetnitsch also, die Prognose ausgestoßen hat, dass dann in einem solidarischen Akt mit den um ihre wohlerworbenen Pensions-Rechte betrogenen Eisenbahnern auch noch andere Werktätige streiken könnten.

»Ah, das is klassisch!«, hat der pfiffige Hausknecht Melchior in Nestroys »Jux« gern ausgerufen. Klassisch aber auch, wenn andere Werktätige, die künftig vielleicht erst mit 60 oder 65 in Pension gehen dürften, für die wohlerworbenen 53 der Eisenbahner in unverbrüchlicher Solidarität ihren starken Arm ruhen lassen wollten.

Schulden wie Stabsoffiziere
(1980)

Als bei uns noch der Kaiser in der Hofburg, in Schönbrunn oder in Ischl residierte, und als daher auch Böhmen und Umgebung noch bei Österreich war, da sagte man von einem Menschen, der mit seinem Geld nicht auskam und an allen Ecken und Enden in der Kreide stand: »Der hat Schulden wie ein Stabsoffizier.«

Ob die Stabsoffiziere des Kaisers wirklich solche Schuldenmacher waren oder ob man ihnen die leichte Hand beim Geldausgeben und Kreditbeschaffen nur boshafterweise angedichtet hat, wird wohl, weil sich im Dunkel historischer Überlieferung verlierend, nicht mehr mit Sicherheit festzustellen sein. Doch eines steht fest: im Vergleich zur Finanzgebarung unserer Republik müssten uns wohl sämtliche Stabsoffiziere der k. u. k. Armee zusammengenommen noch immer als Ausbund an Sparsamkeit und Geiz erscheinen.

Wer's nicht glaubt, für den genügt ein einziger Blick aufs kommende Budget der Republik. Dort wimmelt es freilich von Zahlen, die sich in

geradezu astronomischen Größenordnungen be-
wegen; und die sich daher, sehr zum Glück für
unsere Politiker, der Vorstellungswelt des gewöhnlichen Bürgers weitgehend entziehen.

Signifikantes Beispiel dafür: Wenn von Milliar-
dendefiziten beim Budget beim Außenhandel
oder in der Devisenbilanz die Rede ist, dann erscheint das naturgemäß gar manchem Bürger so,
wie wenn er in einem populärwissenschaftlichen
Artikel aus der Feder eines Astronomen darüber
belehrt wird, dass in einer Entfernung von tausend Lichtjahren gerade eine so genannte Super-
nova explodiert,wenn nicht gar ein ganzes Schüpperl von Galaxien. Wenn hingegen der Bürger
freudig bewegt erfährt, dass es pro Kind eine
Gebärprämie von 16 000 und pro Heirat schon
wieder einen Bonus von weiteren 15 Tausendern
absetzt, kann er sich rechtens gewisse Vorstel-
lungen machen. Zum Beispiel von einem älteren,
aber immer noch fahrbereiten Kleinwagen beim
nächsten Gebrauchtwagentandler.

Das ist ein Segen für unsere Regierung; und ein
Unglück für die Opposition.

Man tut daher gut daran, nicht nur die Zahlen
aus dem bekanntlich für ein ganzes Jahr gültigen
Budget herzunehmen, sondern auch durch einfa-
ches Dividieren durch 365, in Schaltjahren durch
366, die Spesen pro Tag auszurechnen.

Auch sind die Ziffern immer noch Schwindel erregend, aber doch nicht mehr so ganz und gar unvorstellbar. Zum Beispiel:

Wir haben jetzt in Österreich schon so viele und so große Schulden, dass wir dafür an Rückzahlungsraten und Zinsen an jedem einzelnen Tag die unvorstellbare Summe von 127 Millionen Schilling aufwenden müssen!

Nun kommen da aber gleich die Beschwichtiger daher und erklären uns, heftig unterstützt von den Verharmlosern, dass dies erstens ja alles nur für die Arbeitsplätze und zweitens gar nicht so arg sei. Und dass wir damit alleweil erst im Mittelfeld der international üblichen Staatsverschuldung lägen.

Drum schauen wir jetzt einmal nach, wie es eigentlich mit der Tendenz unserer Staatsverschuldung steht. Und dabei stoßen wir auf eine wahre Horrorzahl. Nämlich: was wir für unsere Schulden an Tilgung und Zinsen zurückzahlen müssen, wird von 1980 auf 1981 weit mehr als doppelt so schnell wachsen wie der Umfang des gesamten Budgets. Da müsste man sich eigentlich ganz leicht ausrechnen können, wann entweder der Staatsbankrott oder aber neue und gewaltige Steuererhöhungen kommen werden.

95

Die Nachfolger der Stabsoffiziere
(1999)

Die Redensart war schon reichlich veraltet, als ich sie erstmals gehört habe, und da war ich noch ein Schulbub. Genau erinnere ich mich, wie damals ein arger Schuldenmacher charakterisiert worden ist: »Der hat Schulden wie ein Stabsoffizier!«

Ob sich des Kaisers Offiziere den zweifelhaften Ruf bedenkenloser Kreditnehmer zu Recht erworben haben, lässt sich fast hundert Jahre später nicht mehr so genau sagen. Gewiss hingegen, dass die k. u. k. Stabsoffiziere heute ihre kongenialen Nachfolger gefunden haben. Diese tragen allerdings keine Uniformen, sondern eher so genannte und auf jeden Fall sündteure Designerkleidung.

Anmerkung: Designerkleidung kann im Prinzip den wohlfeilen Fetzen von nebenan gleichwertig sein, hat aber ein »Label« ein- oder aufgenäht, das den Preis im Handumdrehen aufs Fünf- bis Zehnfache hinaufschnalzt.

Jetzt verdunkelt sich die Szenerie auf der Bühne von Österreich unheilvoll, denn sie zeigt eine von

einer »ARGE Schuldenberatung« erstellte Statistik – »ARGE« steht bekanntlich für »Arbeits-
gemeinschaft«, aber im vorliegenden Fall könnte
man getrost auch »Arge Schuldenberatung« hinschreiben –, die uns verkündet, dass es in unserem
Land derzeit 576 000 Familien gibt, »deren Existenz auf Schulden gebaut ist«. Noch ärger: »Tendenz stark steigend«. Am allerärgsten: In rund
250 000 der insgesamt über eine halbe Million
zählenden Familien, die Schulden wie einst die
Stabsoffiziere haben, sind die Partner noch keine
dreißig Jahre alt. Sie alle haben Schulden, die im
Durchschnitt 1 010 000 Schilling ausmachen;
somit also, wie man getrost hinzufügen kann, nie
im Leben abgezahlt werden können.

»In den kommenden Jahren«, sprach ein nam-
hafter Schuldenberater nach einem kühlen Blick
in seine Unterlagen, »werden die Schulden der
jungen Generation geradezu explodieren.«

Wie es gemeinhin dazu kommt, dass so viele
junge Leute ins Chaos geraten sind, wird uns auch
erläutert. Am Beginn pflegt das frischfröhliche
Überziehen des Bankkontos zu stehen. Das wird,
so erfahren wir, zumeist »noch gar nicht als
Schulden erkannt«. Von da ab geht es flott weiter.
Für diverse »Trends«, für Designerkleidung, teure
Automobile, Luxuswaren und kostspielige Fern-
reisen fliegt das Geld nur so dahin, doch muss

man das unbedingt alles haben, weil man ja sonst nicht »in« ist und nicht dazugehört.

Bereitwillig geben die Banken das Geld her, mehr noch: mit »aggressiver Werbung« ködern sie immer weitere junge Schuldenmacher. »Anna, den Kredit hamma!«, hieß es schon vor Jahren auf einem Plakat; ganz so, als ob Kredite nicht das Fatale an sich hätten, einmal zur Rückzahlung fällig zu werden. Derzeit wirbt eine Bank mit einer weiteren Frohbotschaft: »Ihr Kreditkoffer steht schon bereit …!«

»Was ich mir jetzt schon leiste«, sprach ein Nachwuchs-Schuldenmacher mit unüberhörbarer Befriedigung, »das kann mir keiner mehr wegnehmen!«

Düstere Zukunftsaspekte für die Nation! Die Stabsoffiziere von einst konnten jedenfalls bei weitem nicht so viel Unheil anrichten.

Wie einst gehabt in Österreich
(1999)

Die Deutschen und die Österreicher sind ein Volk – getrennt allerdings durch die gleiche Sprache.

So hat es vor Zeiten schon der witzige und gescheite Friedrich Torberg, Schöpfer der so unendlich amüsanten »Tante Jolesch« formuliert. Dabei sind gerade dem Sprachkünstler Torberg die Unterschiede zwischen dem Deutschen und dem Österreichischen nur allzu bekannt gewesen. Er hat gewusst, dass man auf einem Gemüsemarkt in Bielefeld eher keine Fisolen, bei einem Wiener Würstelstand keine Bouletten, an der Mosel keinen reschen Heurigen, bei einem burgenländischen Gärtner keine Mohrrüben, in einer Berliner Kneipe kein Hüferschwanzl und in Grinzing keine Schorle verlangen sollte. Über die jämmerlichen Ergebnisse aller Versuche, Österreichs größten Dichter – nein, nicht Grillparzer, sondern Nestroy – ins Deutsche zu übersetzen, durfte ich mit Torberg so manch vergnügliches Gespräch führen.

Nicht wegzuleugnen freilich eine gewisse Hassliebe zwischen den deutschen Stämmen. Wenn auch bei uns niemals der Preußen-Kannibalismus heimisch werden konnte, der in so manchen Teilen Oberbayerns bis heute noch fortlebt, so herrschte doch hüben wie drüben jederzeit eine gewisse Häme vor. Schon im Ersten Weltkrieg ist der k. u. k. Soldat von den Deutschen als »Kamerad Schnürschuh« abqualifiziert worden; für diesen wiederum war der deutsche Waffengefährte ein »Marmeladinger«.

In neuerer Zeit brennen die Wunden, die uns die deutschen Fußballer permanent schlagen, gar tief. Zur heimischen Heldensaga gehört hier bereits, dass wir in tieferer Vorzeit einmal zu Cordoba die deutschen Balltreter dreizwei geknebelt haben, mit zwei Knödeln vom Krankl-Hansi. Unser Mütchen jederzeit kühlen dürfen wir hingegen in Sachen Skirennen. Da zeigen wir es den preußischen Abfahrern auch dann, wenn diese fei' aus Bayern stammen sollten.

Derzeit aber, da sich bei uns daheim die Sondierungsgespräche schier wie ein Strudelteig – nicht wie ein Streuselkuchen! – hingezogen haben, dürfen wir mit erheblicher vaterländischer Befriedigung feststellen, dass uns die Deutschen jetzt etwas nachgemacht haben, das sich bei uns schon vor Jahrzehnten als kapitaler Blödsinn herausgestellt hat.

Da ist also in Deutschland die Firma Holtzmann, zweitgrößter Baulöwe des Landes, in die
Pleite gewirtschaftet worden. Doch diese Pleite
durfte nicht sein. Unter lebhaftem Ausstoßen des
Kampfrufes »Arbeitsplätze!« wurden von der rot-
grünen Regierung Schröder die Gläubigerbanken
zur Rettungsaktion vergattert, die deutschen
Steuerzahler durften auch noch 1,7 Milliarden
beitragen – und siehe da: schon war Holtzmann
»gerettet«.

Just so haben wir es einst mit unserer maroden
Staatsindustrie gemacht. Mochten auch zwischen
Oberpullendorf und Bludenz die Kleinbetriebe
zuhauf zugrunde gehen – die VOEST hatte jederzeit »gerettet« zu werden.

Derzeit gehen in Lüdenscheid oder Buxtehude
die Kleinbetriebe zugrunde, ohne dass Schröders
Regierung eingriffe. Wie gehabt bei uns in Österreich.

Im Kampf um die Lipizzaner
(1998)

Gleich zu Beginn der laufenden Woche ist auf das österreichische Vaterland ein Schlag herabgesaust, wie wir ihn selbst am Mittwoch zuvor nicht erleiden mussten, als wir beim Kicken und Ferseln gegen die Amerikaner nulldrei eingeschaut haben.

Jetzt aber auch noch das! Die Italiener, die uns schon im Ersten Weltkrieg einen heimtückischen Knödelreiter versetzt haben, deren Pizze wir aber dessen ungeachtet in verzeihender Gnade ebenso gern essen, wie wir auch den Cappuccino mit gleichem Behagen schlürfen: Diese Italiener wollen uns jetzt in einer Aktion schnöden Undanks auf dem Umweg über die Europäische Union auch noch unser nach dem Heurigen und nach dem Schuhplattln Allerliebstes wegnehmen – nämlich unsere Lipizzaner.

Seither geht, nicht unähnlich der »Welle« auf den Rängen der Fußballplätze, eine Woge der Empörung durch Österreich. Wie bitte? Die Italiener wollen von der EU das Recht auf die

Führung des Rassenursprungs-Zuchtbuches für die Lipizzaner zugewiesen bekommen? Unsere stolzen weißen Hengste sollen sich dafür vielleicht auch noch gehorsam auf die Hinterbeine setzen, um mit den Vorderhufen allerliebst »Bitte-bitte« zu machen? Da kann wohl nur noch Nestroys versoffener Schuster Knieriem zitiert werden, der schon vor anderthalb Jahrhunderten resignierend »Die Welt steht auf kein' Fall mehr lang« gesungen und räsoniert hat.

Wo und wie kann da unserer namenlosen nationalen Not Hilfe zuteil werden? Wo ersteht uns ein neuer österreichischer Nationalheld, der sich, wie einst der Hofer-Anderl gegen die Franzmänner und für den guten Kaiser Franz, nun kühn gegen die Italiener und für den Fortbestand unseres Rechts erhebt, auch weiterhin auf die rassische Reinheit unserer Lipizzaner zu schauen?

Den Anfängen muss gewehrt werden! Haben wir nicht auch schon einmal den Anspruch der Prager auf unseren Mozart-Wolferl erfolgreich abgewehrt? Haben wir uns nicht das alleinige Recht vorbehalten, den Wolferl in ein Schachtgrab von St. Marx zu versenken? Ähnlich entschlossen haben wir ja auch alle Bemühungen durchkreuzt, dem Kollegen Franz Lehar zuerst ein Stricherl aufs »a« zu machen, um ihn dann vollends zu magyarisieren. Den Beethoven hingegen haben wir uns in unerschütterlich patriotischer Gesinnung aus Bonn nach Wien geholt; konziliant haben wir dafür den Deutschen den Hitler sowie auch die heißen Würstel überlassen, die drum in Frankfurt nur »Wiener« genannt werden, während sie bei uns als »Frankfurter« umgehen. Die Kultur muss ja stets übernational sein!

Die Lipizzaner aber! Eine solche Salamitaktik lassen wir uns nicht bieten. Wenn das durchgeht, könnten ja in der nächsten Abteilung die Italiener daherkommen, um auch noch die Eigentumsrechte am Wiener Schnitzel einzufordern. Das ist zwar schon lang vor der Zeit, da seine Panier in Wiener Bratpfannen so anmutige Blasen geworfen hat, als »Costoletta milanese« in Mailand und Umgebung durch Mehl, Ei und Brösel gezogen worden – doch seither gehört es uns!

Sonst könnt' ja nachher ein jeder kommen!

Was in Brüssel noch ein Glück ist
(1999)

Gott soll uns schützen vor allem, was noch ein Glück ist!«

Diese Erfahrungsweisheit der Tante Jolesch und ihres Schöpfers Friedrich Torberg bedarf natürlich einer gewissen Erläuterung: Wenn sich einer das Bein gebrochen hat, dann war es ja noch ein Glück, dass es nicht das Genick gewesen ist. Ein anderer fällt im ersten Stock aus dem Fenster: welch ausgesprochenes Glück, dass es nicht der fünfte gewesen ist!

Eben liegt ein neuer lehrreicher Fall vor. Dazu verdüstert sich diese Szene zunächst einmal erheblich, zeigt sie doch, wie das EU-Mitgliedland Österreich in seiner Eigenschaft als so genannter Nettozahler routinemäßig immer mehr nach Brüssel zu überweisen hat, als es von dort je zurückbekommt. Missgünstige Naturen, deren Denkungsart der edlen europäischen Solidarität gebricht, neigen in schnöder Weise zu der Annahme, dass steuerzahlende österreichische Werktätige so manchen Europa-Genossen finanzieren,

der vielleicht in Griechenland oder Portugal unterm Olivenbaum ein Mittagsschläfchen hält, das
mit ein paar unbedeutenden Unterbrechungen
schon kurz nach dem Frühstück begonnen hat,
um sich dann bis weit in den Abend hinzuziehen.

Solch lästerliche Zustandsschilderungen wollen wir aber als zukunftsgläubige Europäer gar
nicht hören, vielmehr fiebern wir bereits unge-
duldig dem Tag entgegen, da wir uns nicht allein
mehr um die südeuropäischen, sondern auch um
die osteuropäischen EU-Genossen gehörig kümmern dürfen.

Wer sich aber solch ungebührlich pessimisti-
schen Überlegungen hingibt, darf jetzt aufjubeln.
»Eine fette Beute in Brüssel« steht da großmäch-
tig und fünfspaltig in einer Zeitung: Im Gefolge
dieser wahrhaft fetten Schlagzeile erfahren wir
dann im Detail, dass Österreich zwischen 2000
und 2006 satte »66 Milliarden Schilling Förderun-
gen aus EU-Töpfen« einstreifen wird. Sogar aufge-
schlüsselt ist das alles. Unser Burgenland wird
3,7 kassieren dürfen, für diverse »Industriebetrie-
be« werden 9,4 abfallen, die »Arbeitsmarkt-
politik« darf auf 7,5, der »ländliche Raum« gar auf
40,6 Milliarden hoffen. Zum Drüberstreuen werden dann auch für »Gemeinschaftsinitiativen«,
welcher Art immer diese sein mögen, 4,9 Milliarden ausgeschüttet werden.

Na alsdann, ruft der hiesige Steuerzahler und EU-Sponsor erfreut aus, jetzt dürfen wir ja doch in Brüssel ordentlich abräumen! Doch just so wie bei Kredit- und Ratenverträgen, so empfiehlt sich auch in der EU die Lektüre des Kleingedruckten. Da verkündet nämlich unser Finanzminister Edlinger, es sei ihm bei den Verhandlungen über diese Gaben aus Brüssel darum gegangen, die »Relation zwischen Brutto-Beiträgen und Rück-flüssen zu verkleinern«. »Wir haben«, klärte uns der Verkürzer unserer Einkommen auf, »unter den Nettozahlern am erfolgreichsten abgeschnit-ten.« Welch gute Nachricht: von allen in Brüssel Geschröpften sollen wir noch am mildesten davonkommen.

Die Tante Jolesch hätte im vorliegenden Fall eventuell gesagt: »Es ist ja noch ein Glück, dass wir von dem vielen, was wir nach Brüssel zahlen, wenigstens ein bisserl was zurückkriegen!«

Das Wappentier von Österreich
(1996)

Unterm Kaiser haben wir noch den Doppeladler im Staatswappen geführt. Derzeit müssen wir uns mit einem einfachen Vogelkopf und einem schlichten Single-Schnabel begnügen. Das wahre Wappentier von Österreich ist aber seit geraumer Zeit schon der Pleitegeier. Dieser hat mit dem Doppeladler nur eines gemein: dass er bei den Zoologen und Ornithologen auch nicht vorkommt.

Weil wir gerade bei der Vogelkunde sind: Es hieße Eulen nach Athen tragen, wollte man lückenlos auflisten, wo in österreichischen Landen überall das unheimliche Rauschen zu vernehmen ist, das von den Schwingen der Pleitegeier herrührt. Ob es die Pensionsfonds oder die Spitalmiseren sind, das Arbeitslosengeld oder die Staatsunternehmen, Arbeitsmarktverwaltung, Bundesbahn, Salzburger Festspiele, Fremdenverkehr, Leistungsbilanz, Bundestheater und noch vieles mehr: überall rauscht es gespenstisch.

Dieser Tage ist die Krankenkassa, die traditionell kranke Kassa also, in den Mittelpunkt neuer Sparpackel-Initiativen gerückt. Weil es sich da hinten und vorn überhaupt nicht mehr ausgehen will, ist im Schoß der Koalition zunächst einmal der beliebte Kampfruf »Es muss was g'schehn!« ausgestoßen worden. Sodann hat die rote Seite wissen lassen, eine Sanierung könne nur mit der bewährten Methode der Beitragserhöhung herbeigeführt werden; während die Schwarzen meinten, dass nur in einem Selbstbehalt bei Arzt- und Medikamentenkosten das Heil liegen könne.

Wer indes die Sache nicht aus strikt rotem oder schwarzem Gesichtswinkel, sondern mit dem Rüstzeug eines simplen Rechenmeisters betrachtet, erkennt freilich im Nu, dass nicht einmal beide Maßnahmen zusammengenommen eine nachhaltige Sanierung des verrotteten Systems unserer Krankenversicherung erbringen könnten. Vielmehr bedürfte es einer grundlegenden Reform vonseiten des Staates sowie auch eines radikalen Umdenkens bei jenen Bürgern, die freilich jahrzehntelang in dem Glauben erzogen worden sind, dass auf dieser Welt zwar alles seinen Preis hat, dass aber der Doktor ebenso gratis sein müsse wie womöglich auch noch die Wohnung. Ebenso wenig aber wie einen Löwen zum Verzehr von Gurkensalat wird man auch die blindwütigen Proponenten eines immer währenden Wohlfahrts- und Sozialstaates nie zu der Einsicht bringen können, dass dort, wo nix mehr ist, auch die schönsten Thesen des Genossen Marx nix mehr nützen.

Nun gibt es nicht wenige Leute, die uns unterschwellig weismachen wollen, dass doch alle Pleiten und alles Sparen nur von der EU herrührten: Nur weil wir die Maastricht-Kriterien erreichen und bei der gemeinsamen Währung mitmachen wollen, seien doch jetzt alle Hüte in Brand geraten ...!

Ganz falsch! Sparen und nachlassen müssen wir, weil wir Jahre und Jahrzehnte hindurch in grob fahrlässiger Weise verludert haben. Mit oder ohne Maastricht, mit oder ohne Euro müssten wir eigentlich noch viel mehr sparen, als wir es derzeit tun. Als Alternative hätte sich nur noch der Gang in den Staatsbankrott offeriert.

Wie sich die Zeiten ändern
(1988)

Die Zeit, heißt es schon in einem Nestroy-Couplet, macht viel.

Wie wahr. Was kann doch heute alles geschehen, was noch vor wenigen Jahren völlig undenkbar gewesen wäre! Nur so beispielsweise: In Moskau fordert ein Delegierter vorm fünftausendköpfigen Parteitag die Minister der Sowjetunion zum Mäusefangen auf und in Österreich kriegen die Nachfahren der Klassenkämpfer vom Hainfelder Parteitag auf einmal einen Banker – damals hat man noch »Bankier« gesagt und einen solchen Auswurf der Menschheit zusammen mit dem Hausherrn und Zinsgeier als Klassenfeind par excellence bezeichnet – zum Parteichef. Sogar der Golfkrieg soll jetzt bald aus sein; auch das war gestern noch unvorstellbar.

Völlig unvorstellbar aber auch, was uns das Fernsehen eben aus Ungarn ins Haus geliefert hat. Da stand also Dr. Otto Habsburg, der Sohn des letzten österreichischen Kaisers und ungarischen Königs, im Budapester Nationalmuseum und

111

betrachtete mit Frau und Tochter respektvoll die ungarische Stephanskrone, die sein Vater Karl noch getragen hatte.

Wie das? War nicht allenthalben im Osten eben noch nur vom großen »Völkerkerker« die Rede gewesen, wann immer es um die Habsburger und ihre Monarchie ging? Hätte es nicht eben noch als eminente Gefahr für die sozialistischen Staaten gegolten, wenn der Kaisersohn auch nur seinen Fuß auf das Territorium eines der kommunistisch gewordenen Nachfolgestaaten der ehemaligen Habsburgermonarchie gesetzt hätte?

Die Zeit macht aber viel. Gewiss nicht so viel, als dass die heutigen Machthaber von Ungarn vielleicht gar die Wiedereinsetzung der Habsburger in ihrem Land im Auge hätten. Aber zumindest werden die mit Abstand liberalsten Genossen im ganzen Ostblock den devisenträchtigen Fremdenverkehr im Auge gehabt haben, wenn sie jetzt die Fernsehbilder vom Kaisersohn samt Familie in ehrfürchtiger Betrachtung des ehrwürdigen Nationalsymbols Ungarns um die ganze Welt gehen lassen.

Wer da unter uns Österreichern erstens alt genug ist, um sich noch an ein überaus gspaßiges Habsburger-Intermezzo bei uns zu Hause zu entsinnen; und feinschmeckerisch genug, um an dieser Possenszene auch heute noch seine Freude zu haben, der darf sich an die erste – angebliche! – Einreise des Habsburgers in unser Land zurückerinnern. Noch vor der Regentschaft Kreiskys war es, Bruno Pittermann war für die SPÖ noch als Vizekanzler tätig, als unter Genossen ein unerhörter Anschlag auf die Existenz unserer Republik ruchbar wurde. Otto Habsburg, so ging die schreckliche Kunde um, sei in Österreich eingereist – und das konnte ja nach damaliger Auffassung nichts anderes bedeuten als die Wiederkehr von Vierzehnstundentag, Hausherrenwillkür und Bettgeherunwesen. Auch der Konsumverein und der Maiaufmarsch schienen in höchster Gefahr. Drum unterbrach Pittermann sofort seinen Sommerurlaub in St. Jakob, um sich in Wien schützend vor die Republik zu stellen. Das war aber gar nicht nötig, denn es war nicht Otto, sondem ein ganz anderer und recht unbedeutender Habsburger, der da eingereist war …

Heute geht Otto Habsburg bei uns ein und aus. Den Vierzehnstundentag haben wir aber noch immer nicht. So viel macht die Zeit!

Gegen Zimt und Powidl
(2000)

Es ist bei Gott nicht Powidl, wie viel Cumarin im Powidl ist! Darauf schaut schon, wachsam wie auch anderweitig beim Essen und Trinken, die Europäische Union!

Wie der Powidl aussieht und schmeckt, weiß bei uns, der Heimat köstlicher und kalorienträchtiger böhmischer Mehlspeisen, jeder. Weniger gut ist es hingegen mit dem Informationsstand übers Cumarin bestellt: hier könnten zumindest die Fußballfans eher auf einen argentinischen Mittelfeldspieler tippen. Das wäre aber ganz falsch geraten. Cumarin ist in Wahrheit eine angeblich Krebs erregende Substanz, die zum Beispiel gern im Zimt ihr Unwesen treibt, aber halt auch im Powidl enthalten sein soll.

Doch ach: nicht nur dort. Umgehend belehrt uns die EU vielmehr, dass sich dieses heimtückische Cumarin auch noch in so manch anderen bei uns seit eh und je beliebten Köstlichkeiten unheildräuend verbockt hält. Zum Beispiel im Apfel- oder im Mohnstrudel. Gefährlich auch

114

Nussplunder, Nusstorte oder Mohnschnitten. Hinter dem Kärntner Reindling, den Zimtsternen und -schnecken lauert hinterfotzig der Krebs, wer Punsch oder Glühwein trinkt, begibt sich in Gefahr, Lebkuchen oder Linzertorten sind heimtückisch, Kompotte, Zwetschkenröster oder Apfelmus bedenklich. Senf zum Burenhäutel ist abzulehnen, Grießpudding und Reisauflauf haben im Speiseplan der EU nichts zu suchen. Schon gar nicht die diversen Powidl-Produkte! Und alles nur, weil überall das missliebige Cumarin drin ist.

Ja aber, denkt sich da so mancher, der sein ganzes Leben lang mit größtem Behagen Apfelstrudel oder Powidltascherln verzehrt hat: Ist denn die Gefährlichkeit des Cumarin bisher nicht bekannt gewesen? Antwort: Nicht nur die Gefahr, sondern die ganze Substanz war so gut wie unbekannt. Zumindest konnte man sie mit den bisherigen Messmethoden erst dann nachweisen, wenn sie mit mehr als zwei Milligramm im Powidl und artverwandten Leckerbissen versteckt war. Jetzt aber! Mit den neuen Methoden kann man auch schon 0,5 Milligramm zweifelsfrei erkennen. Daher gibt's jetzt auch für den Powidl mit seinem Cumarin-Gehalt gewissermaßen keine Würstel.

Ach ja, da stehen wir ja schon wieder einmal vor dem ewigen Dilemma der angeblich gesundheitsschädlichen Nahrungsmittel. Was denn, bitte schön, fragt sich bang der loyale EU-Bürger, darf man denn dann überhaupt noch essen? Im Schweinebraten lauert das Cholesterin, im Rindfleisch der einschlägige Wahnsinn, die Fische sind mit Quecksilber, die Schwammerln mit Cäsium verseucht. Die Milch enthält Düngerstoffe und Insektizide, die Legehennen werden mit Tiermehl gefüttert, im Joghurt hat sich die Schildlaus eingenistet, selbst das Wasser enthält immer noch das krank machende Nitrat. Erst recht nicht unbedenklich ist die Luft mit ihren Auspuffgasen, Stickoxiden und Schwefelbestandteilen.

Vielleicht wäre es im Sinn einer gesunden Lebensführung, künftig überhaupt nichts mehr zu essen oder zu trinken. Aber das wäre ja nicht einmal nach den allerstrengsten EU-Richtlinien besonders gesund.

Vom Kaffee und vom Herzkasperl
(2000)

Man ist ja in diesen Tagen schon heilfroh, wenn einmal auch von ganz anderen Gefahren geschrieben und geredet wird als immer nur von Aufmärschen, Hungersnöten, Erdbeben oder Bürgerkriegen. Da gereicht es uns schon zum Labsal, wenn wir zur Abwechslung auch einmal vernehmen dürfen, wie gefährlich doch der Kaffee sei!

Wie bitte? Der Kaffee, des Österreichers und speziell des Wiener Lieblingsgetränk, soll so arg schädlich sein, soll das Risiko von Herzinfarkten und Schlaganfällen weit ärger als bisher angenommen fördern?

Das trifft uns aber womöglich ärger als jeder Aufmarsch. Haben wir nicht einst während der Türkenbelagerung Wiens die ganze europäische Kaffeekultur erst begründet? Ist in der Folge nicht das berühmte Wiener Kaffeehaus mit seinen legendär witzigen und originellen, vorzugsweise jüdischen Kaffeehausliteraten entstanden? Diese nostalgischen Zustände, deren Absenz wir heute

117

nur bitter beklagen können, sollen die Gesundheit gefährdet haben? Sind vielleicht Alfred Polgar, Egon Friedell, Anton Kuh, Peter Altenberg und Freunde allesamt an Herzinfarkten oder Schlaganfällen zugrunde gegangen?

Soll sich der legendäre Kaffeesieder Kolschitzky vielleicht ganz unnötig durch die türkischen Linien geschlichen haben, um dann mit den erbeuteten Bohnen das erste Kaffeehaus Europas aufzumachen? Wenn auch dazumalen in Paris schon längst öffentlich Kaffee ausgeschenkt worden ist: dann ist der Kolschitzky-Schmäh doch zumindest gut erfunden.

Unerbittlich aber reibt es uns eine aktuelle Studie der Londoner Wissenschaftszeitschrift »New Scientist« unter die Nase: Wer Kaffee trinkt – ob gefiltert oder ungefiltert, ob mit oder ohne Milch –, erhöht in seinem Körper den Pegelstand einer Aminosäure mit dem allein schon Furcht erregenden Namen Homocystein und handelt sich damit nicht nur Schlaflosigkeit und Magenschmerzen, sondern überdies auch einen unmittelbar bevorstehenden Herzkasperl ein.

Wie es aber nun unter seriösen Wissenschaftlern der Brauch ist, werden solche Warnungen nicht etwa nur nach theoretischem Studium ausgestoßen; die Gefahren müssen vielmehr auch experimentell nachgewiesen und belegt werden.

Gesagt, getan. Dreißig Versuchspersonen stellten sich heroisch zur Verfügung. Zwei Wochen lang tranken sie Kaffee, teils mit Filter, teils ohne, teils mit Milch, teils ohne. Ihnen gegenüber standen dreißig andere, die nur Wasser, Tee und Milch schlürfen durften. Siehe da aber: die Wasser-, Tee- und Milchtrinker konnten den Ansturm des tückischen Homocystein mit Leichtigkeit abwehren, im Gekröse der Kaffeetrinker hingegen stieg der Pegel der gefährlichen Substanz um 15 Prozent an; bei den Milchkaffeetrinkern merkwürdiger Weise sogar um 18 Prozent.

Doch wo in diesem Leben viel Gefahr lauert, ist auch milder Trost. Wie viel vom starken Kaffee nämlich mussten die 30 Versuchskaninchen hinunterspülen? Täglich einen Liter, zwei Wochen lang! Starke Erleichterung macht sich da unter all jenen breit, die sich zweimal täglich an je einer Tasse ergötzen.

Wenn im Lenz die Pfunde wuchern
(1999)

Wer sich drei-, viermal in der Woche ein schweinernes Bratel gönnt, könnte eigentlich schon für sein demnächst anstehendes Begräbnis vorsorgen. Gleich nach dem Einkaufen beim Fleischhauer oder im Supermarkt möge er auch beim nächstgelegenen Sargtischler vorbeischauen; wer weiß, vielleicht hat auch der gerade was in Aktion.

So vernehmen wir es speziell jetzt im Lenz, wenn die Pfunde wuchern und sich der Winterspeck kaum mehr verbergen lässt; wenn also bei Herrenbadehosen wie Bikinis der Speck demnächst über die Ufer zu treten droht.

Esst weniger Fleisch, hören wir da! Mehr Gemüse und Obst. Vollkornprodukte statt Cremeschnitten und Vanillekipferln. Mehr Bewegung, Stiegenhaus statt Lift, Radl statt Auto. Turnt und joggt, rollt die Rümpfe, beugt die Knie!

Wo die frommen Ratschläge auf die übergewichtige Menschheit niederprasseln, dürfen auch die merkantilen Schwindelaktionen nicht fehlen.

120

Hier wird der allerneueste Fettkiller angepriesen, dort der Tee zum unfehlbaren Abnehmen. Willig verschwinden die überzähligen Pfunde, wenn man nur die richtigen Produkte einkauft. Auch der einschlägige Versandhandel ist hier nicht faul. Unübersehbarer Vorteil bei der Bestellung seiner Produkte: man kann bei einem Viertel Gerebelten auf der Couch knotzen und Fernsehen zuschauen, während das Wundermittel schon unterwegs ist.

Wie segensreich auch die diversen Diäten! Trennkost, Eiweiß- und Kohlehydratemenüs, fleischlose Tage und Saftkuren werden uns in bunter Folge ans Herz gelegt. Einmal hat uns sogar einer eingeredet, man müsse nur ununterbrochen Steaks essen, um garantiert abzunehmen: weil ja doch, wie wir eh schon wissen, beim Verdauen des teuren Lungenbratens mehr Kalorien draufgehen als im ganzen Roastbeef überhaupt drin sind.

Ausgesprochen erwähnenswert auch die Sondernummern gängiger Frauenzeitschriften. Die bringen in der vorderen Hälfte Diät-Fahrpläne zum Abspecken; in der hinteren findet die geneigte Leserin leckere Rezepte, manche davon ausgesprochene Kalorienbomben.

Doch wenn die Not am größten ist, weiß schon die volkstümliche Spruchweisheit, kommt auch schon die Hilfe daher. Man muss nur ein bisserl Geduld haben. Man muss nur lang genug warten, bis nach den vielen Hiobsbotschaften in Sachen gesunder Ernährung auch wieder fröhlichere Meldungen daherkommen. So auch unlängst erst! Das Schweinerne, dürfen wir einem allerneuesten Buch entnehmen, ist ja gar nicht so ungesund! Dazu gibt's auch noch die frohe Kunde. Nicht nur die Pute ist die Gute! Damit wir aber die aktuellsten Forschungen nicht vergessen. Bisweilen soll jetzt sogar das Schmalz gesünder sein als das teuerste kalt geschlagene Olivenöl aus der ersten Pressung! Wo übrigens die zweiten bis fünften Pressungen hingeraten mögen, ist ein großes, noch nie gelöstes Rätsel.

Wer aber nun dem ersten Anlegen von Bikini oder Badehose entgegenbangt; soll sich halt, zwei Nummern größer, was Neues kaufen. Vielleicht beim Versandhaus, da ist's am kommodesten.

Zur Ehre der Kärntner Wirte
(1989)

Der heurige Sommer geht derzeit zumindest dann zur Neige, wenn man sich nur strikt ans Kalenderdatum hält; nimmt man die Wetterverhältnisse zur Richtschnur, dann hätte er ja gar nicht erst stattgefunden.

Das niederträchtige Wetter war angesichts des vielen Regens vielleicht gut für den Wald, aber betrüblich für Urlauber und Badegäste. Das Betrübliche überwiegt auch für das Fremdenverkehrsland Österreich. Da sind die Gäste vielfach ausgeblieben, die Nächtigungsziffern zurückgegangen, die Erträge arg geschrumpft.

An Versuchen, die Misere zu erklären, hat es nicht gemangelt. Getreu der bodenständigen Neigung zur Selbstzerfleischung haben sich manche Wochen- und Zeitgeistmagazine in Gräuelmeldungen über die heimischen Fremdenverkehrsregionen geradezu überschlagen. Motto: Wer schon nicht das Glück gehabt hat, heuer in Österreich über den Löffel balbiert worden zu sein, der möge wenigstens nächstes Jahr ausbleiben!

Besonders kräftig drangekommen ist dabei das Bundesland Kärnten. Kein Wunder auch, ist doch dort der Haider-Jörgl sogar Landeshauptmann. Von dem Speckbrot, das auf einer Kärntner Almhütte um 105 Schilling umgegangen ist, hat man daher schon wiederholt gelesen. Auch von den 30 Schilling, die man in einem Kärntner Strandbad den Trägern von Kühltaschen abgerungen hat, ist schon etliche Male die Rede gewesen. Das Achtel Mineralwasser um einen Zwanziger kennt man ebenfalls hinlänglich.

Nun trifft es sich, dass ich schon seit gut anderthalb Jahrzehnten stets einen guten Teil des Jahres in Kärnten verbringe; nicht im Urlaub – dergleichen habe ich ja im herkömmlichen Sinn gar nicht –, sondern überhaupt und zu jeder Jahreszeit. Ich kenne also die Zustände im Land während und außerhalb der Reisezeit weitaus besser als die Speckbrot- und Kühltaschen-Kritiker.

Da lese ich also zum Beispiel in dem renommierten und erfolgreich geführten Strandhotel Prüller in Pörtschach am See die Speisekarte und sehe, dass die Preise auch mitten in der Hochsaison um nichts höher, ja sogar eher noch christlicher waren als in irgendeinem anderen guten österreichischen Restaurant in oder außerhalb der Saison. Dabei ist die Qualität, weil ja sonst auch der günstigste Preis immer noch zu hoch wäre, durch die Bank hervorragend, der schöne Blick auf den See darf noch als Draufgab' genannt werden.

Ich finde in dem renommierten »Wirtshaus« T., ausdrücklich so will der umtriebige Besitzer sein hochwertiges Lokal genannt haben, einen vom Chef persönlich gegrillten Leckerbissen um einen Hunderter angeboten. Ich genieße oberhalb von Velden in dem erstklassigen Restaurant »Zur K.« beste Kost zu bürgerlichen Preisen. Ich delektiere mich zum gleichen Gegenwert an den erlesenen Pilzgerichten bei einem »Höhenwirt«. Von der Landeshauptstadt Klagenfurt, wo es von guten und preiswerten Lokalen nur so wimmelt, erst gar nicht zu reden.

Das alles muss zur Ehre der Wirte von Kärnten auch einmal gesagt werden!

Zu Gast bei Jubilaren
(1989)

Zu offiziellen Feiern gehe ich selten. Dieser Tage gab es zwei Ausnahmen.

Da war ich einmal bei der Feier zum 70. Geburtstag des früheren niederösterreichischen Landeshauptmanns Maurer. Mein recht persönlicher Grund dafür liegt schon gut zehn Jahre zurück. Gerade als ich damals beim Haus des mir wenig bekannten Landeshauptmanns in Trautmannsdorf vorbeifuhr, riss mir im Auto der Auspuff ab. In der vagen Hoffnung, in diesem Haus wüsste vielleicht jemand einen Mechaniker, der mir auch am Sonntag helfen würde, läutete ich an. Zufällig öffnete Maurer selber, hörte sich mein Missgeschick an, ging ins Haus zurück, kam wenig später in Arbeitskluft und mit einem Schweißgerät wieder heran und reparierte mir umgehend den Schaden. Grund genug, jetzt zum Geburtstagsfest eines Politikers zu erscheinen!

Eine ganz andere Bewandtnis hatte es mit der zweiten Geburtstagsfeier. Hier handelte es sich um den Sechziger eines Mannes aus einem Kreis von Österreichern, deren segensreiche Tätigkeit für unser Land noch immer weitaus zu wenig gewürdigt wird. Die Rede ist von unseren Skifabrikanten, die wie kaum andere Unternehmer Unglaubliches für Österreich und seine Exportwirtschaft leisten.

Morgen also wird der Oberösterreicher Josef Fischer, den sie überall nur den Pepi nennen, sechzig. Und in dreißig von diesen sechzig Jahren hat der Pepi eine Karriere hingelegt, wie sie einst nur jene Tellerwäscher aus Amerika gemacht haben, die dann unweigerlich Millionäre geworden sind. Als Dreißigjähriger übernahm Fischer nach dem Tod seines Vaters die schlichte Wagnerei seines Vaters. Dort waren vorzugsweise bäuerliche Leiterwagen gemacht worden. Doch wenn einmal ein Kunde ein Paar Ski haben wollte, dann fabrizierte ihm der Josef Fischer senior halt zwei solche Bretteln, Material Eschenholz.

Anno 1964, als ich letztmalig als Sportjournalist unterwegs war, wurde ich Augenzeuge des ersten Olympiasiegers auf einem Fischer-Ski. Material damals: Metall. Der Fahrer: Egon Zimmermann. Heute sind Olympiasiege und Weltmeistertitel auf den österreichischen Marken Fischer oder der Kollegen Rohrmoser (»Atomic«) oder des auch politisch recht kämpferischen Toni Arnsteiger (»Blizzard«) an der Tagesordnung.

Dem Pepi war das aber noch lang nicht genug. Als eifriger Hobby-Tennisspieler sagte er sich eines Tages: ich mache mir meine Tennisschläger selber. Heute erzeugt Fischer jährlich Zehntausende von Tennisschlägern für Hobbyspieler ebenso wie für die Kanonen in Wimbledon. Und dass der Pepi heute auch noch die renommierten Flugzeugwerke der Welt mit seinen aus dem Ski- und Tennisschlägerprogramm entwickelten Werkstoffen beliefert, rundet das Bild schön ab.

Melancholische Preisfrage: Was wäre aus der Wagnerei des Josef Fischer senior wohl geworden, wenn sie 1959 nicht der Sohn Pepi, sondern etwa die Verstaatlichte Industrie übernommen hätte …?

Fünf Jahre lang minus 20 Prozent
(1999)

Unlängst traf es sich, dass ich zu einem Vortrag eingeladen war, den ein derzeit viel diskutierter Österreicher vor einem ganz kleinen Kreis gehalten hat. Sein Name: Frank Stronach. Kurzer Lebenslauf: als junger und arbeitsloser Werkzeugmacher aus der Steiermark nach Kanada ausgewandert, wo er im Blitztempo Karriere machte. Heute: Eigentümer Dutzender gewinnträchtiger Firmen.

Der Mann ist in mehrfacher Hinsicht interessant. Zum Beispiel auch deswegen, weil er in seinem Gehaben so gar nichts an sich hat, was nach landläufiger Auffassung einen enorm erfolgreichen Unternehmer ausmacht. So etwas von Ruhe und Ausgeglichenheit, wie sie dieser Mister Stronach ausstrahlt, kann möglicherweise dem Kreis altgriechischer Philosophen zugerechnet werden, kaum aber gewinnträchtigen Supergeschäftsleuten von heute. Herr Stronach wird, wie wir alle, dereinst an irgendetwas sterben; die so genannte Managerkrankheit wird es nicht sein.

Da kam nun einmal die Rede auf das Verhältnis zwischen den Produktiv- und den Verwaltungseinheiten in Stronachs Firmen. Hier sei es enorm wichtig, die Verwaltung so klein und so sparsam wie nur irgendwie möglich zu belassen. An dieser Stelle beklagte Stronach aber auch die maßlos aufgeblähte Verwaltung in der Firma, pardon: im Staate Österreich. Das koste viel Geld, das erfordere grotesk hohe Steuersätze, was dann wiederum die Wirtschaft ruiniere.

Das wissen wir alle zu unserem Grimm. Das hat uns lang vor Stronach schon der Professor Parkinson mit seinem legendären Gesetz erklärt, wonach ein beamteter Verwaltungsapparat gar bald nichts mehr zum Verwalten braucht: vielmehr genügt es ihm von einer bestimmten Phase an, sich selber zu verwalten.

Wie aber würde Stronach, wenn er nicht nur über seinen Magna-Konzern, sondern auch über die bürokratische Verwaltung von Österreich zu verfügen hätte, dem Problem der Überverwaltung des Staates beikommen? Laut Aussage von Stronach ganz einfach.

»Indem man fünf Jahre hindurch den Beamtenapparat jährlich um zwanzig Prozent verringert.« An dieser Stelle entstand zumindest unter jenen Zuhörern, die wie ich schwach in Mathematik sind, eine gewisse Heiterkeit. Dann hätten wir ja, kalkulierten manche ganz falsch, in fünf Jahren überhaupt keine Beamten mehr! Irrtum aber: Die 20 Prozent werden ja nur im ersten Jahr vom Gesamtstand abgezogen, dann nur noch von der jeweiligen Iststärke. Um das Ergebnis einer echten Berechnung vorwegzunehmen: Nach fünf Jahren wären nach der Methode Stronach nur noch schwache 33 Prozent der ursprünglich tätig oder zumindest besoldet gewesenen Staatsdiener übrig. Und das wäre dann auch, so mögen manche kalkulieren, die richtige und vertretbare Anzahl.

Freilich wird uns auch Stronach nicht sagen können, was denn dann mit den zwei Dritteln der nach seiner Rechnung überzähligen Beamten geschehen soll. Was sollen sie tun, welche Arbeit sollen wir ihnen übertragen?

Eine schwierige Frage!

Was ist Glück, was ist Erfolg?
(1990)

Heute ist Silvester und Jahresausklang, Brauch und Sitte verlangen daher gebieterisch, dass wir einander in traditioneller Weise drei Dinge wünschen: Glück, Erfolg und Gesundheit.

Von diesem Dreigespann ist freilich nur die Gesundheit zweifelsfrei zu definieren. Was es hingegen mit dem »Glück« auf sich haben möge und was gar erst unter »Erfolg« zu verstehen sei, darf als umstritten gelten.

Was ist Glück, was ist Erfolg! Wenn man Glück hat, so ist es uns einst von dem so unvergesslich witzigen Karl Farkas expliziert worden, dann fallen tausend Dollar vom Himmel. Das ist auch in Anbetracht des derzeit so schleißigen Dollars immerhin nett, wenn man's ohne Gegenleistung einstreifen darf. Glück, so meinen aber weise Philosophen, habe mit Geld überhaupt nur wenig bis nichts zu tun; weit eher schon wäre die Anspruchslosigkeit ein geeignetes Vehikel für die Fahrt in Richtung zum Glück. Von einem besonders Weisen habe ich einmal gelesen, dass sich das elementare Glück auch einmal angesichts der Beobachtung eines allerliebsten Marienkäfer- chens einstellen könne, das gerade einen Gras- halm emporkrabbelt. Doch als Universalrezept fürs Erringen des Glücks darf man dergleichen wohl auch nicht hinnehmen. Wem's an der rech- ten Antenne für die Beobachtung von kleineren oder größeren Naturphänomenen gebricht, dem wird die fällige Autorate allemal mehr Kummer machen, als ihm der putzigste Käfer je an Glücksgefühl einbringen könnte.

Noch windiger ist wohl der »Erfolg«. Wenn einer die Karriereleiter schier unaufhaltsam emporklimmt, ist das der wahre Erfolg, wenn damit auch der Herzinfarkt immer näher rückt! Wenn die Geschäfte immer besser gehen und die Bankauszüge immer freundlicher werden, ist's ein Segen. Auch wenn der Erfolgreiche in seinem Ter- minkalender bald schon keine einzige Minute mehr frei hat, um auch jene schönen Dinge zu genießen, die vielleicht gar kein Geld kosten?

Bleibt nur die Gesundheit. Die wird freilich immer wichtiger, je älter man wird. Wie das etwa? Du hast etwa dein Auto zuschanden gefahren? Bleibe mir mit solchen Lappalien vom Leib, so- lange dir selber dabei nichts passiert ist! Deine Firma ist zugrunde gegangen, dein Haus ist abgebrannt, deine Frau hat sich mit einem anderen davongemacht, dein Mann hat sich eine jüngere genommen? Deine Kinder taugen nichts, das Familienleben geht schön langsam in die Binsen, dazu hat man dir womöglich noch unlängst im Gedränge das Brieftaschel gezogen?

Zugegeben, das alles und manches andere mag schon recht verdrießlich sein. Da könnte man schon mit leisem Fluch feststellen, dass dieses heute zu Ende gehende Jahr doch eigentlich ein echter Schmarrn gewesen sei; nicht wert, schon wieder um ein Jahr älter geworden zu sein.

Doch merke: das wahre Malheur sähe ganz anders aus. Zum Beispiel so, dass dir der Doktor ein arges Leiden attestiert hätte; arg genug, um das Erleben des nächsten Silvesters als ungewiss erscheinen zu lassen. Alles andere: vergleichsweise unerheblich!

»Alles selber erarbeiten!«
(1992)

Als unlängst einmal weithin in Deutschland der Jahrestag der Wiedervereinigung gefeiert wurde, da trat ein Bewohner der ostdeutschen Stadt Schwerin vor die Fernsehkamera und sprach mit vorwurfsvollem Grimm wie folgt: »Zum Feiern sehe ich keinen Grund. Auch dankbar müssen wir dem Westen nicht sein. Wir haben zwar ein bisschen mehr Freiheit bekommen – aber alles andere müssen wir uns doch selbst erarbeiten …!«

Besser hätte ein grundlegendes Missverständnis gar vieler, die jahrzehntelang unter den zwar kargen, aber weitgehend risikolosen Bedingungen einer auf allen Gebieten staatlich verordneten Existenz gelebt hatten, kaum artikuliert werden können. Der Mann, ein ganz normaler Bürger von etwa 45 Jahren, hatte sichtlich seine Vorbehalte gegen das westliche System: zürnend kreidete er dem neuen Regime an, dass es das materielle Fortkommen seiner Bürger nicht ausreichend genug fördere. Er inkriminierte, dass seine neuen Obrigkeiten nicht auf gleiche Weise für schöne und neue Automobile, bessere Wohnungen und staatlich garantierte Arbeitsplätze sorge, wie die früheren Machthaber jedermann einen zwar schlecht entlohnten, dafür aber völlig sicheren Arbeitsplatz, ein Dach über dem Kopf und eventuell auch einen stinkigen Trabi garantiert hatten, diesen freilich nach jahrelangen Wartefristen. Der Mann, und mit ihm viele andere Bürger des ehemals kommunistischen Ostens, hielte es für eine Sache grundlegender Gerechtigkeit, jetzt all das Bessere just so vom Vater Staat zu beziehen, wie er vordem ohne viel Anstrengungen jederzeit das Schlechtere zugeteilt bekommen hatte: er will den viel höheren materiellen Status staatlich garantiert haben, ohne das Risiko und die Anstrengung zu akzeptieren, die jeder Bürger des Westens auf sich nehmen muss.

Die Westbewohner, nicht nur in Deutschland, haben dafür wenig Verständnis. Ältere unter ihnen mögen an ihr eigenes Schicksal in jenen Tagen zurückdenken, da ihnen nach dem Ende des Krieges zwar ebenfalls die Freiheit, aber keine wesentliche materielle Hilfe geboten werden konnte. Für sie war es damals eine Selbstverständlichkeit, dass sie sich alles selber »erarbeiten« mussten.

Ich weiß, wovon ich rede. Als ich am 5. November 1945 nach 16 Monaten russischer Gefangenschaft heimkehrte, war ich zunächst glücklich, zuerst dem Hitler und dann dem wohl um kein Haar besseren Stalin entkommen zu sein. Doch dann stand ich vor der Aufgabe, meinen materiellen Besitzstand – er bestand damals neben der Unterkunft in der wie durch ein Wunder erhalten gebliebenen Wohnung meiner Mutter noch aus einer italienischen Infanterieuniform, einer zerlumpten russischen Steppjacke und einem Paar von Holzschuhen – auszuweiten. Da ich auf Hilfe nicht rechnen konnte, machte ich mich wie alle anderen, denen das Glück des Überlebens beschieden war, an die Arbeit. Damals wie heute aber bin ich außerordentlich froh, nicht unter der Fuchtel eines Staates leben zu müssen, der mir von der Wiege bis zur Bahre vorschreibt, was ich zu tun und was ich zu unterlassen habe.

An mir kann's nicht liegen!
(1998)

Mit gebührender Ehrfurcht entnehme ich einschlägigen Statistiken, dass die Österreicher bis Ende 1998 noch weitere 1,2 Millionen so genannter Handys kaufen werden. Das wären dann nochmals um 50 Prozent mehr als im Vorjahr, in welchem wir doch eh schon die Rekordsumme von 2,8 Milliarden Schilling für Mobiltelefone und deren Zubehör ausgegeben haben.

Dazu sprach ein Importeur einer weithin bekannten Handy-Firma: »Das Geschäft geht so gut, dass wir letztlich in Österreich statt mit zwei mit bis zu vier Millionen Kunden rechnen können.«

Diese Aussage eines Geschäftsmannes ist insofern sensationell zu nennen, weil ja ansonsten die Wirtschaftstreibenden vorzugsweise über den schlechten Geschäftsgang zu jammern pflegen. Die meisten von ihnen leben ja ohnehin nur noch vom Draufzahlen; und manche sind froh, wenigstens ein Defizit zu haben – andere haben ja nicht einmal das.

Weitere Einzelheiten gefällig! Bitte sehr: Bald wird jeder vierte Österreicher ein Handy haben. Weltweit gibt es derzeit schon 200 Millionen Handy-Telefonierer. Österreich liegt bei Handys ganz vorne an der Spitze. Nur in Skandinavien mag es eventuell noch mehr Handy-Besitzer geben als bei uns. Dazu auch noch ein guter Ratschlag. Kaufen Sie jetzt, denn billiger werden die Geräte sicherlich nicht mehr. Das sagt zumindest der Handy-Importeur und der muss es ja schließlich wissen.

Wir haben also die Ehre, in der Ära des großen Handy-Booms zu leben. Ist es einst in Frankreich das große politische Ziel gewesen, dass jeder Bürger zumindest am Sonntag sein Huhn im Topf haben möge, so harren wir jetzt eines zukunftsorientierten Politikers der Zweiten Republik, der in seiner Zukunftswerkstatt den Besitz eines Handys als Menschenrecht Nummer eins ins nächste Parteiprogramm hineinschreiben lässt.

Dass der Handy-Boom ungebrochen anhält, wie ich's in einem Kommentar zur Statistik lese, kann allerdings unmöglich an mir liegen. Boom her oder hin nämlich: Ich besitze kein Handy, habe nie eines gehabt und werde – bei aller prinzipiellen Fragwürdigkeit des Prophezeiens sage ich's frei heraus – nie eines haben: Mir ist ja das gewöhnliche Schnürl-Telefon schon zu viel.

Wenn ich keinen besonderen Anruf erwarte, ziehe ich den Stöpsel heraus, sobald ich die Wohnung betreten habe.

Als Trost für meine Handy-Besitzlosigkeit dient mir die erwiesene Tatsache, dass die Menschheit sechstausend Jahre überlieferter Geschichte hinter sich gebracht hat, ohne jemals übers Handy telefonieren zu können; eine Erwägung freilich, die auch fürs Autofahren und ähnliche Errungenschaften gilt.

Unlängst bat mich ein Herr, mit dem ich mir einen Termin auszumachen hatte, unter lebhafter Zusicherung seiner Diskretion um meine Handy-Nummer. Als ich ihm enthüllte, dass ich gar kein Handy hätte, wollten ihm schier die Augen aus dem Kopf quellen. Hätte ich ihm gesagt, ich besäße keine Zahnbürste – er hätte auch nicht viel dümmer dreinschauen können.

P. S.: Mir geht ein Handy überhaupt nicht ab.

Schumpeter für Romano Prodi
(1999)

Dieser Tage ist ein hoher Besuch nach Österreich gekommen: der ehemalige italienische
Regierungschef und künftige EU-Präsident Roma-
no Prodi. Dabei ist unserem Gast auch der Schum-
peter-Preis verliehen worden. Wer aber war unser
einst so legendärer Landsmann Joseph Alois
Schumpeter?

Dem 1883 geborenen brillanten Wirtschafts-
theoretiker war eine sensationelle Karriere beschieden. Schon im akademisch wahrhaftig zarten Alter von 27 Jahren war Schumpeter Professor
an der Grazer Universität, zwei Jahre später
schrieb er seine auch heute noch viel beachtete
»Theorie der wirtschaftlichen Entwicklung«, als
36-Jähriger war er 1919 bereits Finanzminister im
Kabinett des Sozialdemokraten Otto Bauer, 1932
Professor an der Harvard-Universität.

Dies alles wäre aber heute nicht mehr gar
so berichtenswert, hätte der geniale Nationalökonom Schumpeter nicht auch durch seinen
extravaganten Lebensstil und seine geistreichen

Aussprüche stets für Aufsehen gesorgt. Da erklärte er zunächst einmal jedem, der es hören wollte – und wohl auch so manchem, der darauf gar nicht so erpicht sein mochte –, dass er in seinem Leben drei große Ziele habe: der beste Nationalökonom der Welt, der beste Reiter Österreichs und Wiens bester Liebhaber zu werden.

Ob Schumpeter seine drei Ziele erreicht hat, muss als ungewiss gelten. Im internationalen Wettstreit der Nationalökonomen hat es seither ja auch noch viele andere gewichtige Kaliber gegeben, desgleichen sind aus dem Österreich der Zwanzigerjahre auch noch bessere Reiter überliefert. Beim Ziel Numero drei müssen wir uns aber jedweder Wertung enthalten, wird doch diese Konkurrenz, in überwiegender Mehrheit der Fälle zumindest, unter Ausschluss der Öffentlichkeit abgewickelt.

Auf jeden Fall aber hat uns Schumpeter zumindest in seiner Eigenschaft als Reiter und Politiker einen Vergleich hinterlassen, wie er in dieser Anschaulichkeit seither nie mehr ersonnen worden ist.

Dazu muss man, weil ja nicht jedermann ein Reiter ist, zunächst einmal wissen, wie schwer es doch ist, sich auf dem Rücken eines zumeist hinterfotzig schaukelnden Pferdes im Sattel zu halten. Davon weiß ich in meiner nur kurzen Laufbahn als Reiter ein Lied zu singen. Als sich das Ross einmal daran machte, mich abzuschütteln, welches Vorhaben ich, weil mir Steigbügel und Zügel längst entglitten waren, durch krampfhaftes Anhalten an der Mähne nur kurz hinauszögern konnte: da bot ich den grinsend herumstehenden Sportsfreunden meine Reitausrüstung zum Kauf an – um fortan nie mehr auf einen Gaul zu steigen.

Damit sind wir nun schon bei der genialen Definition eines Politikers aus der Sicht des Reiters Schumpeter angelangt. Politiker, hat der reitende und politisierende Liebhaber einmal gesagt, sind wie schlechte Reiter:

Sie sind derart stark darauf konzentriert, sich gerade noch im Sattel zu halten, dass sie sich nicht auch noch darum kümmern können, in welche Richtung ihr Pferd läuft.

Besser ist's seither kaum gesagt worden. Auf den EU-Präsidenten Prodi wird's aber hoffentlich nicht zutreffen.

Das große Sehnen nach der Pension
(2000)

Jetzt haben wir's also aus dem Mund des angesehenen Pensionsexperten Bert Rürup gehört: die von unserer Regierung in ihrem Kampf um das »Nulldefizit« schon im Jahre 2002 geplanten Änderungen des Pensionsrechts mögen doch nicht sofort, sondern erst nach und nach bis zum Jahre 2030 vorgenommen werden.

Das wird so manchen Landsleuten ein milder Trost gewesen sein. Bis dahin, so mögen sie insgeheim kalkuliert haben, sind wir ja eh zu alten Bedingungen längst in die Pension entschwunden!

So tief und innig nämlich wie bei uns ist wohl nirgendwo in der Welt das große Sehnen nach der Pension in den Herzen der Bürger verankert. Ich möchte ihnen dazu eine wahre Geschichte erzählen, die zwar keineswegs bedeutungsschwer, dafür aber umso lehrreicher für die Denkweise so mancher Mitbürger in Sachen Pension ist.

Es begann damit, dass ich einmal aus Versehen, getrost könnte man auch sagen: aus eigener

Dummheit, in meiner Wohnung die Alarmanlage ausgelöst hatte. Einmal aktiviert, lässt mein System nicht nur bei zwei Nachbarn, sondern auch bei der Polizei das Telefon klingeln. Dabei besteht gar keine Möglichkeit mehr, der Polizei telefonisch mitzuteilen, dass doch alles nur ein Versehen gewesen wäre. Mit dem Alarm schaltet sich nämlich aus gutem Grund auch das Telefon ab – sonst könnte ja auch jeder Einbrecher bei der Polizei anrufen und versichern, es sei eh alles in Ordnung.

Die eher missliche Sache hatte für mich aber auch etwas Tröstliches an sich. Es vergingen nämlich nur wenige Minuten, da war auch die von mir schuldbewusst schon an der Haustür erwartete Polizei bereits da. Dem Funkstreifenwagen entstiegen zwei ungeachtet der Falschmeldung freundliche Beamte – ein junger Mann und eine 36 Jahre alte Polizistin; wieso ich deren Lebensalter so genau erfahren habe, steht weiter unten. Die zwei Polizeibeamten inspizierten zunächst pflichtgemäß meine Wohnung samt Alarmanlage. Dabei teilten sie mir nicht nur mit, dass ich demnächst eine Vorschreibung über einen Spesenersatz von 1500 Schilling zu erwarten hätte, was ich sofort als gerechtfertigt hinnahm; vielmehr mussten sie, einer weiteren Vorschrift entsprechend, auch ein Protokoll aufnehmen.

Protokollführerin war die junge Dame in Uniform. Name, Vorname, wohnhaft in, geboren am …? Diese Fragen beantwortete ich umgehend, beim »Beruf« hingegen nahm die Polizistin, indem sie gleich »Pensionist« sagte und auch schon hinschreiben wollte, die Antwort vorweg. Als ich dazu wahrheitsgemäß aussagte, voll berufstätig zu sein, malte sich zuerst grenzenlose Überraschung, dann aber auch ein Ausdruck gelinden Tadels ins Antlitz der Beamtin, worauf sie sprach:

»Das finde ich aber nicht für richtig!«

Dann aber sagte sie, einen bestimmten Aspekt ihres Privatlebens enthüllend, belehrend auch noch dies:

»Schauen Sie doch mich an! Ich bin jetzt 36 Jahre alt – und freue mich schon heute auf meine Pension!«

Nie bin ich eindrucksvoller über die tiefe Sehnsucht wohl erheblicher Bevölkerungsteile nach dem Ruhestand informiert worden.

Falscher Staberl am Zentralfriedhof
(2001)

Der Herausgeber und Gründer der »Neuen Kronen-Zeitung«, Hans Dichand, erzählt in seinem Buch »Die Geschichte eines Erfolges« auf Seite 223 eine wahre Geschichte, die sich vor den Toren des Wiener Zentralfriedhofs abspielte und einen, wie sich bald herausstellte, ganz falschen Staberl zur Hauptperson hatte. Dichand im Originalton:

»In seiner Volkstümlichkeit ist ›Staberl‹ wohl eine einmalige Erscheinung in der österreichischen Presse. Wenn mir jemand aus unserem Leserkreis in den ersten Jahren der ›Staberl‹-Kolumne – deren Verfasser damals noch nicht im Foto abgebildet war – ein Kompliment machen wollte, so sagte er mir: ›Stimmt's, Sie sind der Staberl!‹

Als der (damals noch amtierende) niederösterreichische Landeshauptmann Andreas Maurer, Prototyp eines populären Politikers bäuerlicher Prägung, einmal vor den Toren des Wiener Zentralfriedhofs Blumen kaufte, schaute ihn die

Gärtnerin an und sagte: ›Ich kenn' Sie von irgendwoher, aber es fällt mir net ein, von wo …‹
Maurer, erfreut, dass man ihn auch in Wien
kenne, ermuntert die Frau: ›Na, denken S' halt
nach, Sie werden schon draufkommen …!‹ Da
geht ein Leuchten über das Gesicht der Blumen-
frau und die schreit es geradezu heraus: ›Gell, Sie
san der Staberl …!‹

Der Herr Landeshauptmann erstarrte, noch
dazu gehörte er nicht gerade zu den Staberl-Fans,
denn der hatte ja gewisse Vorgänge in Niederösterreich oft genug hart kritisiert, ja manchmal
sogar von ›neuen Kuenringern‹ in diesem österreichischen Bundesland geschrieben. (Anmerkung: die alten Kuenringer waren einst ein ge-
fürchtetes Raubrittergeschlecht gewesen.) Aber
bald hatte der Landeshauptmann Maurer seinen
Humor wieder gefunden und so ist diese Ver-
wechslung mit ›Staberl‹ zu den Standardschnur-
ren geworden, die er zu erzählen weiß.

Tatsächlich gibt es freilich wenig Ähnlichkei-
ten zwischen dem Landeshauptmann Maurer und
Richard Nimmerrichter, es sei denn, dass beide
sehr markante, harte Gesichtszüge haben; Maurer
von seiner bäuerlichen Arbeit, Staberl durch seine
asketische Lebensweise, durch seine sportliche
Betätigung und wohl auch durch sein schweres
Schicksal in russischer Kriegsgefangenschaft …«

Dass mir selbst Hans Dichand, der mich doch seit Jahrzehnten kennt, eine »asketische Lebensweise« attestiert, entbehrt nicht einer gewissen Humorigkeit, zeigt aber auch, dass einen ein Ruf, einmal zu Unrecht erworben, wohl das ganze Leben verfolgt. Ich wüsste nun gar nicht zu sagen, wo, wie und aufgrund welcher Umstände ich mir den Ruf eines Asketen und Gesundheitsapostels erworben habe. Wahr ist vielmehr, dass mir zum Beispiel viele Nahrungsmittel, die gemeinhin als gesund gelten, zufällig auch schmecken. Wahr ferner, dass ich die ersten vierzig Jahre meines Lebens kaum Alkohol getrunken habe; doch hier war nicht Askese im Spiel, sondern nur die schlichte Tatsache, dass mir das Zeug einfach nicht geschmeckt hat. Seither habe ich mich längst zum Liebhaber besserer Weine gemausert. Wahr aber auch, dass ich zeit meines Lebens strikter Nichtraucher gewesen bin. Aber auch dies nicht aus Askese und Disziplin, vielmehr gibt es für mich bis heute nichts Grauslicheres als Nikotinqualm. Da hat mir meine Mutter, die mit 92 Jahren gestorben ist, oft genug erzählt, wie ich schon als Säugling stets zu brüllen begonnen hatte, wenn ein Raucher mit brennender Zigarette den Raum auch nur betreten hat. In der auch von Dichand erwähnten russischen Kriegsgefangenschaft aber, die eine Klassifizierung als

»schweres Schicksal« gewiss verdient hat, bin ich Dutzende Male Zeuge eines immer gleich ablaufenden schrecklichen Vorgangs geworden – nämlich, dass einer, der knapp vor dem Verhungern stand, noch sein letztes Stück Brot gegen den berüchtigten russischen Tabak »Machorka« eingetauscht hat und bald darauf tot gewesen ist.

Maurer als Schweißer
(1979)

Zurück zu dem damals amtierenden Landeshauptmann Maurer aber, der dann später zu einem der wenigen Politiker geworden ist, mit dem ich auch persönliche, ja freundschaftliche Beziehungen gehabt habe. Lang davor aber, noch zu jener Zeit also, da ich von den »neuen Kuenringern« in Maurers Bundesland Niederösterreich geschrieben habe, bin ich einmal im Auto unterwegs zu guten Freunden im Burgenland gewesen. Dabei hatte ich das kleine Malheur, dass sich aus irgendwelchen Gründen der Auspuff meines Wagens löste und mit unangenehm schepperndem Geräusch auf der Straße schleifte. Und das noch dazu an einem Samstagnachmittag, wo nach alter, aber nicht immer guter Tradition im Staate Österreich damals noch jede Arbeit zu ruhen hatte. Das missliche Geschehnis spielte sich nur just in Sichtweite einer Ortstafel ab, die den Namen »Trautmannsdorf« verkündete.

Jäh durchzuckte mich da ein Hoffnungsschimmer. Trautmannsdorf – war das nicht die Heimat-

gemeinde des Landeshauptmanns Maurer? »Ja,
ja«, informierte mich ein vorbeikommender Dorf-
bewohner, »unser Landeshauptmann wohnt
gleich im übernächsten Hof!«

Mit vager Hoffnung betrat ich den übernächsten Hof. Wenn schon nicht der Herr Landeshauptmann, dann vielleicht irgendein Familienmitglied
würde mir vielleicht auch irgendjemand empfehlen können, der mir den Schaden am Auto selbst
an einem Samstag wenigstens provisorisch behe-
ben könnte.

Doch der Zufall wollte es, dass der Landeshauptmann Maurer höchstpersönlich gerade im
Hof seines Bauernhauses stand; im Sonntags-
Trachtenanzug und sichtlich auf dem Weg eventuell zu einer von jenen Feierlichkeiten, denen
kein Politiker, der auch zum nächsten Termin
wieder gewählt werden will, je entgehen kann.

Mit der jedwedem staatsbürgerlichem Untertan
so wohl anstehenden Subordination wandte ich
mich entschuldigend an den populären Häuptling
von ganz Niederösterreich. Ich hätte, brachte ich
vor, dieses und jenes Missgeschick gehabt, just
im Dorf des Landeshauptmanns. Und ob er mir
nicht vielleicht jemanden empfehlen könnte, der
selbst an einem Samstag noch die unsoziale Bürde
einer Arbeit auf sich zu nehmen gewillt sein
könnte …?

»Was haßt da empfehlen?«, sprach der Landes-hauptmann. »Fahren S' auffi auf die Gruam und warten S' dann auf mich!«

Die »Gruam« war ein Behelf, der Reparatur-arbeiten an der Unterseite des Traktors gestattete. Darauf fuhr ich also, wartete wie befohlen ein Weilchen und wurde bald eines völlig veränderten Landeshauptmanns gewahr. An die Stelle des sonntägigen Trachtenanzugs war ein blauer Over-all getreten und in der Hand trug der Herr Lan-deshauptmann ein Gerät, das sich in der Folge als Schweißapparat entpuppte. Wesentlich geschwin-der aber als jeder herkömmliche Mechaniker hatte Maurer dann meinen Auspuff ange-schweißt. »Dös halt' jetzt a Weil' lang«, versi-cherte er mir, wobei er im gleichen Atemzug alle meine Dankesbezeugungen abtat.

Maurers Werk hielt dann sogar jahrelang, jeden-falls so lange, bis ich den Wagen dann einmal ein-tauschte.

Wär's nicht der Landeschef von Niederöster-reich gewesen, hätte ich natürlich nach heimi-scher Sitte ein ordentliches Trinkgeld heraus-gerückt. Aber wie die Dinge lagen, blieb mir nur das Wundern über dieses kuriose Geschehnis. Viele Jahre später, als ich mit Maurer auch per-sönliche Freundschaft geschlossen hatte, sagte ich dem nun längst außer Dienst befindlichen

Politpensionisten Maurer einmal: »Diese Sache damals, als du mir als Schweißer ausgeholfen hast, hat in mir eine Gewissheit reifen lassen: dass zuweilen sogar Politiker Menschen sind ...!«

Als Erwin Pröll keine Würstel essen durfte
(1993)

Der Zufall wollte es, dass nun auch der jetzt amtierende niederösterreichische Landeshauptmann Erwin Pröll zu jenen wenigen Politikern gehört, die meine persönlichen Freunde geworden sind. Als Schweißer musste Pröll aber zu seinem und meinem Vorteil nicht einspringen. Vielmehr ergab es sich, dass ich an der Eröffnung der niederösterreichischen Landesausstellung 1993 in Riegersburg an der tschechischen Grenze – nicht zu verwechseln mit der gleichnamigen Riegersburg in der Steiermark – teilnahm. Dort erblickte mich der Landeshauptmann Pröll in der Meinung, ich sei als Reporter der »Kronen Zeitung« zu dem Ereignis abkommandiert worden. Dem war aber nicht so, vielmehr war ich als Leihgeber eines mir gehörenden Ölgemäldes von Wenzel Brozik eingeladen worden. Immerhin bestand Pröll aber darauf, dass ich in einem eigens errichteten Festzelt für die Ehrengäste neben ihm Platz zu nehmen hatte. Das tat ich denn auch, wobei mir Pröll gleich sein Leid klagte, des Inhalts, er wäre heute vor lauter Terminen noch nie dazu gekommen, auch nur einen Bissen zu essen; und dass er sich nun rechtschaffen auf die rundum schon servierten Bratwürstel mit Bier freue. Kaum aber, dass Pröll seine Würstel und sein Krügel Bier vor sich stehen hatte, kam auch schon ein Intervenierer nach dem anderen daher. Vielfältig waren die Anliegen, die Niederösterreichs Untertanen an diesem Tag ihrem Landeschef vorzutragen hatten. Jedem von ihnen aber hörte Pröll, freilich immer lüstern auf seine Bratwürstel schielend, zu; mit jedem sprach er, jedem wohl auch sagte er dieses oder jenes zu. Es fügte sich nämlich, dass damals die Landtagswahlen nur zwei Wochen entfernt waren, und da galt es ja wohl, sich um jede Stimme zu kümmern.

Mittlerweile waren Prölls Bratwürstel längst kalt, das Bier dafür warm geworden. Da konnte ich denn dem Landeshauptmann von Niederösterreich meine scheue Bewunderung nicht länger versagen. »An Ihrer Stelle«, sagte ich ihm wahrheitsgemäß, »hätte ich mir vielleicht zwei oder drei von diesen Leuten angehört. Aber dem Vierten hätte ich bereits erklärt, er möge doch in zwei Wochen eine andere Partei wählen, mich aber jetzt in Ruhe meine Bratwürstel essen lassen …«

»Das kann ich mir«, antwortete mir Pröll mit

leicht umwölkter Stirn, »leider nicht leisten. Da hätte ich vielleicht besser ein Journalist werden sollen.«

Aus meiner Eigenschaft als Leihgeber eines einzelnen Gemäldes ist dann aus mir im Lauf der Jahre ein Sammler geworden, der seine rund neunzig Bilder bereits zu Lebzeiten dem niederösterreichischen Landesmuseum vermacht hat. Und da hat nun wiederum mich ein kleines Ungemach getroffen. Da rief mich Pröll also eines Tages an und machte mir eine arge Mitteilung. »Wenn du uns schon deine Bilder schenkst und überhaupt nichts dafür haben willst«, erklärte er mir, »dann muss ich dir zumindest einen Orden verleihen ...!«

O weh. Wie oft hatte ich mich in meinen Kolumnen über die Ordenssucht so mancher Österreicher lustig gemacht; wie oft auch hatte ich den Begriff »Orden« zu »Pletschen« umgewandelt, die nur nötig hätte, wer, ganz im Gegensatz zu mir, für sein Leben gern auf dem Opernball glänzen wolle. Pröll ließ sich von seinem Vorhaben aber partout nicht abbringen, doch kam er mir immerhin insoweit entgegen, als anstelle einer offiziellen Feierlichkeit ein vergleichsweise zwangloses Mittagsessen stattfinden sollte, zu dem ich dreißig Leute einladen möge; mehr hatten in dem vorgesehenen Raum nicht Platz.

Ich lud also den »Krone«-Herausgeber Dichand und etliche Redaktionskollegen sowie auch ein paar persönliche Freunde ein.

Zwischen Aperitif und Vorspeis wurde mir dann die Pletschen, pardon aber: ein »Comturkreuz« umgehängt, sodann pries mich der Landeshauptmann Pröll nicht nur als edlen Spender, sondern auch als guten Freund, worauf dann auch ich um ein paar Worte nicht herumkam. Ich will mich jetzt nicht gerade brüsten, aber es ist mir dabei gelungen, die steif offizielle Atmosphäre einer Ordensverleihung aufzulockern, freilich auch mit Prölls Hilfe, wie wir gleich sehen werden. Ich erklomm also das Rednerpult und sprach, meine Pletschen schon um den Hals tragend, wahrheitsgemäß wie folgt:

»Sehr geehrter Herr Landeshauptmann, lieber Erwin! Als wir noch gar nicht näher bekannt waren, bist du mir schon als einer der wenigen Politiker aufgefallen, die ihre Reden und Ansprachen nicht vom Zettel herablesen, sondern immer frei und ohne Manuskript sprechen. Das schätze ich auch heute noch an dir, das hast du auch eben bei deiner Laudatio für mich so gehalten. Respektvoll attestiere ich dir jetzt in aller Form: du redest zwar manches Mal einen Blödsinn, diesen aber stets ohne Manuskript!«

An dieser Stelle aber erhob sich Pröll – mit mir

keineswegs abgesprochen – zu einer kleinen Zwischenbemerkung. »Siehst du«, sagte er, »das ist der Unterschied zwischen uns: Ich rede, wie du gesagt hast, nur manches Mal einen Blödsinn. Du hingegen schreibst jeden Tag einen Blödsinn …!«

Damit war der Tag gerettet. Fortan ging es zum Dessert und zum Kaffee nur noch ganz locker, freundschaftlich und heiter zu.

Sie wollten es ungesalzen
(1989)

Der österreichische Universitätsprofessor Dr. Norbert Leser ist mir weitgehend unbekannt. Irgendwann einmal habe ich ihn im Büro eines gemeinsamen Bekannten getroffen und dabei auch ein paar unverbindliche Worte mit ihm gewechselt. Zu weiteren Kontakten ist es leider nie gekommen.

»Leider« sage ich heute deswegen, weil ich inzwischen Lesers Buch »Salz der Gesellschaft« gelesen habe; und weil es seither für mich zur Gewissheit geworden ist, was ich früher schon anhand einiger Zeitungsartikel aus der Feder Lesers geahnt habe: nämlich, dass hier einer der brillantesten Köpfe Österreichs am Werk ist.

Leser gilt als ein »rechter« Sozialist – was immer diese oder jene darunter verstehen mögen. Dass da dem Sozialminister Dallinger und ähnlich gearteten Genossen ihr jähes Misstrauen hochkommt, ist doppelt verständlich: im Gegensatz zu den lupenreinen Apparatschiks, die nie etwas anderes getan haben als linientreu ihrer

Partei zu dienen, sind Leute vom Schlag Lesers in einer für diese Partei peinlichen Weise unabhängig.

Da sie ihr Fortkommen nicht in der Partei oder durch sie finden, fehlt es ihnen auch an der so willkommenen Gefügigkeit gegenüber dieser Partei. Sie getrauen sich daher jederzeit, ihre eigene Meinung herauszusagen; und das hat ja der Professor Leser in seinem »Salz der Gesellschaft« in gleichermaßen kühner- wie virtuoserweise hinreichend besorgt.

Am vergangenen Dienstag hat nun im »Club 2« unseres Fernsehens eine dann so fad gewordene Diskussion zum Thema »Die nächsten hundert Jahre? – Über die Zukunft der Sozialdemokratie« stattgefunden. Schon vor Monaten hat man nun Leser mitgeteilt, dass er zu diesem »Club« selbstverständlich eingeladen werde. Doch wer das zu glauben geneigt war, hat die Manipuliererpartei im ORF unterschätzt. Dort ist zwar ein von dem Diskussionsleiter Franz Kreuzer herausgegebenes Bilderbuch zum 100. Geburtstag der Partei ausgiebig beweihräuchert worden, ohne dass dieses Werk deswegen ernstlich über den Dunstkreis der Partei hinausgedrungen wäre. Doch eine so fundamentale Auseinandersetzung eines Sozialisten mit seiner Partei wie Lesers Buch »Salz der Gesellschaft«, das mit Recht überall in Österreich

Aufsehen gemacht hat, ist bei der großen Lobhudelei Ges.m.b.H., die derzeit die Geburtstagsfeierlichkeiten – unter zugegebenermaßen recht schwierigen Umständen! – organisiert, naturgemäß nicht gefragt.

Als mit Abstand größte Zeitung dieses Landes wollen wir nach unseren Kräften gutmachen, was der ORF an dem souveränen Analytiker Leser gesündigt hat. Wenn das Fernsehen einen so namhaften und wohlbeschlagenen Mann wie Leser, der zur Geschichte seiner Partei wohl mehr zu sagen hätte als der gesamte derzeitige Parteivorstand zusammengenommen, nicht zu Wort kommen lässt: wir tun es.

Heute und morgen werden Sie an anderer Stelle unseres Blattes finden, was der kritisch eingestellte Sozialist Norbert Leser zu sagen hat und was er wohl auch gesagt hätte, wenn ihn der ORF bei der Diskussion vom Dienstag zugelassen hätte. Die Lektüre ist empfohlen: sie verspricht mit Sicherheit mehr Gewinn als die derzeit üblichen gewundenen Erklärungen zur gegenwärtigen Misere einer einst so stolzen Partei.

Von Kreisky und von Gusenbauer
(2001)

Unterm Kreisky«, so kann man es bisweilen von linksnostalgisch verklärten Mitbürgern hören, »da hätt es so was nicht gegeben ...«

Ach ja, damals war ja auch der Schnee viel besser, im Interesse des Sommerfremdenverkehrs schien zumindest in der Hauptsaison die Sonne viel freundlicher. Auf den Wetterbericht war auch noch eher Verlass und in der EU, die uns immer viel Geld abnimmt und uns dafür karniefelt, waren wir auch noch nicht. Mit einem Wort: Es war alles viel besser.

Solche Nostalgie war so neu nicht. Schon in meiner Kinderzeit konnte ich bisweilen hören, was es wiederum unter dem alten Kaiser an Übeln aller Art nicht gegeben habe. Und ein Paar Würstl mit einem Seidel Bier konnte man womöglich schon um drei Kreuzer haben.

Auf dieser Welt kann aber keinerlei Erinnerungsfähigkeit derart getrübt sein, dass an märchenhaften Beispielen solcher Art nicht irgendwo auch ein Körnchen Wahres dran wäre. Zum Beispiel hätte es eine derart unbedarfte, ja dilettantische Oppositionspolitik, wie sie derzeit von der SPÖ betrieben wird, unterm Kreisky gewiss nicht gegeben. Das wissen zum Beispiel jene Landsleute ganz genau, die sich noch an die Jahre zwischen 1966 und 1970 erinnern können.

Damals, in der Zeit der ÖVP-Alleinregierung unter dem Bundeskanzler Josef Klaus, hat nämlich auch Kreisky das in der Demokratie so unentbehrliche Geschäft der Oppositionspolitik betreiben müssen. Diese Funktion hat er freilich um Klassen besser ausgeübt, als dies den Genossen rund um den bisweilen schon Mitleid erweckenden derzeitigen Oppositionschef Gusenbauer möglich ist.

Ein Vergleich macht sicher. Während sich Kreisky damals die von der schwarzen Alleinregierung verbreitete muffige Atmosphäre geschickt zunutze machte und dem Land endlich einmal jenen Hauch von Aufgeschlossenheit verhieß, die es seit Kaisers Zeiten in Wahrheit nie gegeben hatte, ziehen Gusenbauer und Genossen unter erheblich propagandistischem Aufwand gegen die Besteuerung von Invalidenrenten zu Feld, wie eben in der auf Betreiben der Grünen angesetzten parlamentarischen Sondersitzung. Während Kreisky die Vision eines modernen, weltoffenen Österreich entwarf, verzettelt sich die heutige sozialdemokratische Opposition in einer Initiative, von der ein gottlob nur ganz kleiner Teil der Bevölkerung überhaupt betroffen ist.

Nun muss man freilich vorbehaltlos feststellen, dass es Kreisky als Oppositionschef unter der Alleinregierung Klaus wesentlich leichter hatte, als es Gusenbauer unter der gegenwärtigen schwarz-blauen Koalition je beschieden sein könnte. Die personellen Schwächen des einstigen Kabinetts Klaus waren nämlich wahrhaftig unübersehbar. Die Feststellung, dass mit Ausnahme des Bundeskanzlers damals kein einziges Regierungsmitglied Format hatte, ist wohl, wenn überhaupt, nur geringfügig übertrieben. Die heutige Regierung ist da eindeutig besser besetzt. Im Verein mit der Unbeholfenheit der Opposition ergibt dies jene dürftige Darbietung, die uns derzeit von der Opposition geboten wird.

Methusalem
(1966)

Im Fernsehen haben wir unlängst vernommen, wie sie den Karli Schranz neuerdings gerne nennen.

»Methusalem« nennen sie unseren sympathischen Parade-Pistenflitzer! Fallweise wird der Karli auch der »alte Mann im Schnee« genannt, denn es gibt ja viele Leute, die sich nicht gern in das ungewisse Abenteuer des Fremdwörtergebrauchs stürzen.

Von Methusalem vermeldet mein Lexikon, dass er einer der Urväter war und das verhältnismäßig respektable Alter von 969 Jahren erreicht haben soll. Ob das wahr ist, lässt sich freilich nicht mehr zweifelsfrei feststellen; Tatsache hingegen ist, dass man einen mehr oder weniger betagten Herrn meint, wenn man von einem Methusalem spricht.

Wie kommt der Karli Schranz, der doch auf der Streif zu Kitzbühel in souveräner Manier einen neuen Streckenrekord aufgestellt hat, zu einem solchen Spitznamen?

Weil er in den Augen vieler Leute bereits uralt ist. Weil er bereits das überaus ehrwürdige Alter von 27 Jahren erreicht hat. In Worten: siebenundzwanzig Jahre.

Hier offenbart sich eine überaus interessante Erscheinung der neuen Zeit. Zwar werden die Leute, weil die Doktoren unausgesetzt den diversen Krankheiten zuleibe rücken, immer älter, doch das große Idol des Jahrhunderts ist der Grünschnabel. Der Teenager, wie man auch gern zu sagen pflegt. Höchstens dass dann und wann gerade auch noch der so genannte Twen akzeptiert wird.

Männer gibt es beispielsweise, die haben mit dreißig noch ziemlich gern mit Fünfundzwanzigjährigen emsig geflirtet; doch sobald sie fünfzig geworden sind, tut's nur noch eine Siebzehnjährige. Und relativ häufig ist der Fall, dass ein noch einigermaßen rescher Fünfzigjähriger, der im Wohlstandszeitalter aufgrund größerer Erfolge im Beruf neben einer neuen Firma auch noch eine neue Villa und ein neues Automobil erwirbt, im Zuge der großen Umtauschaktion um viel Geld seine Ehescheidung vorantreibt und gleich darauf einen leckeren Teenager als funkelnagelneues Eheweib heimführt.

Der Teenager regiert überhaupt die Welt. Es gibt siebzehnjährige Filmstars und dreizehnjährige

Olympiasiegerinnen. In Frankreich hat die Brigitte Bardot, indem sie andauernd ihr Schmollmündchen zog, schon vor zehn Jahren dem Staat mehr Devisen eingebracht als die gesamte französische Automobilindustrie. In England werden die vier halbwüchsigen, aber ungekampelten Beatles, indem sie kräftig auf ihre elektrischen Gitarren einschlagen und dazu nach einem bestimmten, freilich nicht ganz leicht nachzumachenden System heulen, Millionäre; und dazu hängt ihnen Ihre Majestät, zum blanken Entsetzen anderer Ausgezeichneter, auch noch gewaltige Pletschen für Verdienste ums Vaterland um.

So besehen kann es uns freilich nicht mehr wundern, dass sie den Karli Schranz den Methusalem nennen oder den alten Mann im Schnee. Mit siebenundzwanzig Jahren hat man ja schon ein verdächtiges Alter erreicht; da gehört man schon zu jenen Leuten und ihrer miserablen Welt, denen man nie ganz trauen kann, nämlich zu den Erwachsenen.

Trotzdem würde Ihr Staberl zuweilen ganz gern ein Methusalem von 27 Jahren sein!

Drei Aussagen in Sachen Ehe
(1998)

Der große Johann Nestroy, der nur bei ganz oberflächlicher Betrachtungsweise als unverbindlich-spaßiger Possenschreiber erscheint, sich aber bei ernsthafterer Nachforschung gar bald als ein Philosoph von hohen Graden erweist, hat die zu seinen Zeiten noch viel ehrfürchtiger angesehene Institution der Ehe einmal eine »wechselseitige Lebensverbitterungsanstalt« genannt.

Konziliant wie der Dichter schon aufgrund seiner österreichischen – im vorliegenden Fall: böhmischen – Abstammung war, hat er sein hartes Urteil in Sachen Ehe später insofern ein wenig gemildert, als er keineswegs jede Ehe derart abträglich klassifiziert sehen wollte. Dazu hat sich Nestroy allerdings eine beinahe unheimlich hintergründige Aussage einfallen lassen: »An einer fremden Hochzeit hab' ich noch nie was Widerliches gefunden.«

Hier ist der geneigte Leser gebeten, diese zwei Nestroy-Zitate gut im Gedächtnis zu behalten. Ihnen wird nämlich noch eine außerordentlich gut dazu passende Aussage eines weiteren, aber noch unter uns weilenden Landsmannes namens Michael Czinglar hinzugefügt werden, der allerdings weder ein Possendichter noch ein Philosoph, sondern vielmehr ein Vertreter der hiesigen Rechtsanwaltskammer ist. Zum Verständnis dieses zeitgenössischen Zitats muss allerdings zuvor noch über ein aktuelles Geschehnis berichtet werden, das den inhaltlichen Zusammenhang zwischen Nestroy und dem rund zwei Jahrhunderte später geborenen Czinglar erst hinlänglich ersichtlich macht.

Es geht um ein fürs heutige Österreich ganz neu geplantes Ehe- und Scheidungsrecht, das, so mag es seinen linksfortschrittlichen Initiatoren erscheinen, aus Nestroys wechselseitiger Lebensverbitterungsanstalt endlich einmal die ideale Ehe herbeiführen soll. Da ist also zum Beispiel geplant, dass der Ehebruch künftig im Fall einer Scheidung nicht nur keine schuldhafte Verfehlung mehr darstellen möge; vielmehr soll auch ein des Ehebruchs überführter Partner durchaus das Recht haben, von seinem schuldlosen ehemaligen Gespons Unterhaltszahlungen zu verlangen!

Weil ein solches Benefiz in der Praxis vorzugsweise der Frau zugute kommen würde, hat sich die emsig männerverzehrende Frauenministerin Prammer gleich ganz begeistert gezeigt. »Die

Neuregelung«, hat sie gesagt, »ist dringend notwendig und sollte möglichst heuer abgeschlossen werden.«

Loyalerweise sei hier aber auch einer Dame aus dem anderen Koalitionslager das Wort erteilt. »Wir wollen«, sprach wiederum die ÖVP-Justizsprecherin Fekter, »dass der Ehebruch nicht bagatellisiert wird. Wer schuld ist, soll zahlen!«

Nachdem wir nun auch noch kurz rapportieren, was der Justizminister Michalek zu der Causa ausgeführt hat, nämlich, dass keineswegs geplant sei, den Ehebruch zu »verniedlichen«, lassen wir jetzt, wie versprochen, endlich den Rechtsanwaltskammer-Vertreter Michael Czinglar zu Wort kommen. Dieser sprach einen gewichtigen Ratschlag wie folgt aus.

»Man kann jedem nur mehr empfehlen: Bitte, heiratet nicht mehr!«

Feiner Job: Ex-Ehemann
(1992)

Bei uns in Österreich geht, unlängst erst hat man es der zuständigen Statistik entnehmen können, fast schon jede dritte Ehe recht bald wieder in die Binsen.

Wen wundert's freilich? Hat nicht der größte unserer Landsleute, Johann Nestroy also, schon im vergleichsweise idyllischen Biedermeier geargwöhnt, dass der Sinn der Ehe doch darin liege, allen Kummer und alle Sorgen gemeinsam zu tragen, die man als Lediger erst gar nicht bekommen hätte?

Aus Amerika, dem Land begrenzter Unmöglichkeiten, vernehmen so manche Geschiedene frohe und tröstliche Kunde. Hat sich da nicht unlängst erst eine gewisse Ivana Trump, gewesene Ehefrau des im Zugrundegehen begriffenen Wunderknaben Donald, bei der Scheidung 40 000 Dollar monatlich plus Abfindung von zehn Millionen herausreißen können! Haben nicht auch andere Damen aus den USA – zuständiger Fachausdruck: »gold digger« –, die sich rechtzeitig einen Millionär angeln konnten, ähnlich schöne Schnitte gemacht!

Doch nun schreitet in diesem Metier auch die Gleichberechtigung der Männer schier unaufhaltsam voran. Nun vernimmt man mit wohligem Schaudern die amerikanische Kunde, dass auch so manche Herren, denen in den einschlägigen Zeitungsberichten an Stelle einer Berufsbezeichnung nur der Titel »Ex-Ehemann« attestiert wird, erfolgreich nach Gold graben können.

Ein Mr. Mike Krauss zum Beispiel. Der war eine Rekordzeit von 14 Jahren mit der berühmten und dollargestopften Fernsehkommentatorin Joan Lundlen verheiratet. Doch seit ihm seine Joan den Stecken verabreicht hat, darf er im Monat immerhin umgerechnet über 200 000 Schilling Alimente kassieren; auch die Prämien für seine Kranken- und seine Lebensversicherung werden von seiner Ex-Frau beglichen. Weit glimpflicher ist da der Fernsehstar Jane Seymour davongekommen. Nur drei Jahre lang muss sie einem ehemaligen Ehemann namens David Flynn 110 000 Schilling monatlich zahlen; danach wird sich David wieder aus Eigenem durchfretten müssen. Noch besser sind die Filmstars Goldie Hawn und Kim Basinger – von ihr habe ich mit angemessener Ehrfurcht vernommen, dass sie ihre Karriere vorzugsweise ihrer enorm sinnlichen Unterlippe zu verdanken habe – dran: sie mussten ihren Verflossenen lediglich einmalige Abfindungen von einer runden Million Dollar zahlen.

In unseren Breiten ist das aber ganz anders. Bei uns finden heiratswillige Männer nur in Ausnahmefällen derart lukrative Ehefrauen. Bei uns müssen die weitaus meisten Männer zumindest eine Halbtagsbeschäftigung annehmen, weil ja das Einkommen der Frau in der Regel einfach nicht ausreicht, um neben den Spesen für Zins, Licht und Gas auch noch eine Urlaubsreise nach Acapulco oder nach Bali zu finanzieren. Das verursacht vielleicht auch die reservierte Haltung weiter Männerkreise dem Ehestand gegenüber. Wenn ich mich schon selber erhalten muss, sagt sich wohl so mancher hiesige Filou, dann bleib' ich auch allein und speise lieber à la carte. So gut wie in Amerika trifft's hier eben nicht ein jeder.

Noch einmal dreißig Jahre?
(2000)

In der Geschichtsschreibung wimmelt es von Berichten über kühne Heldentaten aller Art. Da soll zum Beispiel einmal ein gewisser Leonidas mit seinen dreißig Spartanern das ganze persische Heer aufgehalten haben; wenn nicht wahr, dann ist's jedenfalls gut erfunden. Ziemlich sicher hingegen, dass der Astronom Galilei die nicht nur ketzerische, sondern in seiner Zeit auch lebensgefährliche Behauptung aufgestellt hat, unsere Erde sei nicht der Mittelpunkt des Universums, sondern kreise lediglich als kleiner Weltkörper um die immer noch recht kleine Sonne. Unseren kurzen und naturgemäß unvollständigen Rundblick über kühne Taten der Geschichte wollen wir nun mit der nicht derart weit zurückliegenden Großtat des Charles Lindbergh abschließen, der 1929 in einem Aeroplan, den heutige Aviatiker bestenfalls die Bezeichnung »Fetzenflugzeug« zubilligen würden, im Soloflug den Atlantik bezwungen hat.

Doch was sind schon heroische Unternehmen

solcher Art gegen den wahrhaftig tollkühnen Plan der österreichischen Bundesregierung, gleich an mehreren Fronten das Pensionsalter hinaufzusetzen! Derart heldenhaft waren ja nicht einmal Leonidas, Galilei und Lindbergh zusammengenommen.

Doch just so erleben wir's in diesen Tagen. Nicht genug, dass die Frühpensionisten künftig weniger früh in die Rente enteilen sollen, was natürlich schon wieder einen flagranten Eingriff in wohlerworbene Rechte und dubiose Lebensplanungen bedeutet, hat jetzt die Sozialministerin Sickl angeregt, sogar das »gesetzliche Pensionsalter« für Männer von 65 auf 67 Jahre hinaufzusetzen.

Da war, leicht vorhersehbar, gleich Feuer am Dach. Wer von uns kennt schon jemanden, der, ohne krank zu sein – oder wenn schon nicht das: der zumindest mit einem Attest von einem hilfreichen Doktor aufwarten kann –, erst mit 65 Jahren in die Rente gegangen wäre?

Gleich wurde da auch der von unserer Regierung als Ratgeber angeheuerte deutsche Pensionsexperte Bert Rürup befragt; ein Mann übrigens, dem man Sachkenntnis und Vernunft gewiss nicht absprechen kann. Sickls Vorstoß, sprach Rürup, sei »von der Sache her richtig, aber vom Zeitpunkt eher unglücklich«. Die Pensionspolitik dürfe ja nicht mit »kurzfristigen Budgeterfordernissen vermischt werden«.

Rürup tat sich hier leicht. Er ist ja keineswegs als Ratgeber in Budgetangelegenheiten, sondern ausschließlich als Nothelfer in Pensionsfragen beigezogen worden. Er muss also nicht auf unser Budget schauen, sondern kann sich voll aufs Pensionsproblem konzentrieren. Hier aber meinte Rurup ziemlich leichthin, die geplanten und in der Sache wohl richtigen Eingriffe in unser Pensionssystem sollten nicht sofort, sondern erst allmählich und bis zum Jahr 2030 vorgenommen werden!

O weh. Das wären also bis 2030 dreißig Jahre. Genau jene Zeitspanne also, während der in der Vergangenheit unsere gigantische Schuldenlast so leichtfertig zusammengeschustert worden ist. Ob wir das ohne sofortige Reformen noch weitere dreißig Jahre aushalten würden, ist die bange Frage.

Von Faulen und Verweigerern
(1984)

Die Faulheit, so hat es der römische Staatsmann und berühmte Redner Marcus Tullius Cicero schon gesagt, sei die »Furcht vor bevorstehender Arbeit«.

Dem Altrömer Cicero gebrach es naturgemäß noch ein wenig an der heutzutage so kräftig ins Kraut schießenden Fortschrittlichkeit. Wäre der berühmte Rhetoriker der Antike nämlich ein linker Fortschrittlicher gewesen, dann hätte er es ja gar nicht erst gewagt, das Vokabel »Faulheit« in den Mund zu nehmen. Er hätte allenfalls zu der fortschrittlichen Neuschöpfung »Anstrengungsverweigerung« seine Zuflucht nehmen dürfen.

Dieses ganz neue Wort ist, bitte schön, durchaus keine Erfindung von mir. Es stammt auch nicht aus einem Kabarettprogramm. Vielmehr habe ich es dieser Tage, völlig ernst gemeint, aus dem Mund einer fortschrittlichen Pädagogin in den Fernsehnachrichten entnommen. Und zwar mit dem ausdrücklichen Hinweis, dass man im Schul- und Erziehungswesen unter »Anstren-

178

gungsvermeidung« das zu verstehen habe, was man früher in unzulässiger Verallgemeinerung als »Schulfaulheit« zu bezeichnen pflegte.

Die Faulheit ist tot – es lebe die Anstrengungsverweigerung!

Die einstmals faulen Schlingel in der Schule verweigern also die Anstrengung. Verweigerung aber ist gut, ist ja wohl auch antiautoritär und somit sogar die Pflicht jedes mündigen und auch nur halbwegs fortschrittlichen Bürgers.

Rückschrittliche Naturen freilich meinen, dass es eventuell fürs spätere Leben ungünstig sein könnte, wenn man in der Schule allerweil nur faul gewesen, pardon: von Anstrengungsverweigerung erfüllt gewesen sei. Das trifft aber keineswegs zu. Denn wenn einer dann später auch im Leben wenig taugt, hilft ihm ja zumindest ein neues Vokabel weiter. Es heißt dann eben, er fände in der ihm zugewiesenen Arbeit keine »Selbstverwirklichung«. Von dort ist es dann nicht mehr sehr weit zum »Aussteiger« mit erheblich »alternativer Lebensform«.

Die Aussteiger der primitiveren Machart ziehen sich dann gern auf halb verkommene Bauernhöfe zurück, um dort für den Rest ihrer Tage von selbst gefechstem Biogemüse und eigenhändig gemolkener Ziegenmilch zu leben. Doch ach! Was diese wackeren Alternativen ja gar nicht bedacht hatten, ist die fatale Tatsache, dass jedwede landwirtschaftliche Produktion, und sei sie auch nur von der allerbescheidensten Art, ja doch mit einer gewissen Arbeit verbunden ist. Drum kann bei dem ganzen Experiment also erst recht keine Selbstverwirklichung herausschauen.

Daher halten sich manche Alternative gar nicht erst auf verkommenen Bauernhöfen oder ausrangierten Mühlen auf, sondern verdingen sich gleich bei einem ordentlichen Guru in Tibet oder im Hindukusch. Über diese Aussteiger kann man nun denken, wie man will, doch wird man es ihnen auf jeden Fall hoch anrechnen müssen, dass sie in weiterer Folge wenigstens nicht der Fürsorge zur Last fallen.

Gar so neu ist das alles freilich nicht. Die vom heiligen Feuer der Anstrengungsverweigerung erfüllten Abc-Schützen hat es immer schon gegeben, man hat sie früher nur anders tituliert, nämlich auf schlicht rückschrittliche Weise als Faulpelze. Es hat auch jene Erwachsenen immer schon gegeben, die aus ihrer Arbeit keine Selbstverwirklichung gewinnen konnten: man hat sie seinerzeit ganz fantasielos als arbeitsscheu bezeichnet.

So sehen wir wieder einmal, dass sich im Lauf der Zeit die Schlagworte und die Ideologien ändern; dass aber der Mensch selber immer hübsch gleich bleibt.

Rein alles gerät zum Spitzel-Fall
(2000)

Was immer in diesen Tagen auf der politischen Bühne unserer Republik vorgeführt oder, je nachdem, auch unterlassen wird – rein alles gerät zum Spitzel-Fall.

Sollten wir tatsächlich keine anderen Sorgen haben? Hier beweist ein Blick auf die eben jetzt abgehaltene Regierungsklausur das Gegenteil. Zum Beispiel sollte endlich einmal ein gleiches Pensionsrecht für alle geschaffen werden – ganz so, als ob dies in einem Staat, der seinen Bürgern die Gleichheit aller sogar in der Verfassung zubilligt, nicht schon vor Jahren und Jahrzehnten längst überfällig gewesen wäre.

Das Rennen um die Beendigung der fahrlässigen bis betrügerischen Schuldenwirtschaft langer Jahrzehnte ist noch lang nicht gelaufen. Zu viel Wasser hat ja die Regierung bereits in ihren Wein gegossen. So manches, das da an Sparparolen forsch austrompetet wurde, ist unter dem Druck der politischen Lobbys schon wieder kleinlaut abgesagt oder, wie sagt man doch geschwind:

»abgefedert« worden. Man denke nur an die groß angekündigte Null-Runde bei den Beamten oder, noch augenfälliger, an das Versprechen, die Parteienförderung drastisch einzuschränken. Was aber ist passiert? Als die Beamtengewerkschaft auch nur ganz geringe Andeutungen in Richtung »Scharfe« machte, ertönte schon der bei uns traditionelle Kampfruf »Vorwärts, Kameraden, wir müssen zurück!«.

Die unpopuläre Finanzierung der politischen Parteien aus Steuergeldern? Hier sind alle Ankündigungen von rigorosen Streichungen mit einem Argument zurückgezogen worden, das in seiner Skurrilität höchstens von dem kauzigen Ur-Österreicher Herzmanovsky-Orlando stammen dürfte. Angesichts der tristen Finanzlage der SPÖ, hörten wir, könnten Kürzungen der Parteiensubventionen derzeit leider nicht vorgenommen werden. »Ah, das is klassisch!«, hätte wiederum Nestroy in seinem »Jux« den Hausknecht Melchior sagen lassen – nämlich, dass sich die Regierungsparteien Sorgen um die Finanzen des oppositionellen politischen Gegners machen!

Tatsächliches Hauptthema der Regierungsklausur aber waren schon wieder die Spitzeln von Österreich. Alle bespitzelten Landsleute, so versprach der Innenminister Straßer, werden sich über eine umgehend zu schaffende Hotline infor-

mieren können, ob, wie und in welcher Angele-
genheit sie bespitzelt worden sein mochten. Neue
»technische Maßnahmen« für den Datenschutz
seien in Vorbereitung. Zum Schluss aber verkündete der Innenminister allen Ernstes, er werde
sich bei den »Diskretionsprofis aus dem Banken-
bereich« in Sachen Datenschutz »Anregungen«
holen. Davor hätte sogar Herzmanovsky-Orlando
zurückgeschreckt.

Niemals aber erfährt man, was da eigentlich
alles ausgespitzelt worden sein soll. Während zur
frischfröhlichen Treibjagd auf die Spitzel geblasen
wird, bleibt die Frage unerörtert, ob's vielleicht
gar wahr sein könnte, was da erspitzelt worden
ist. Man kennt das freilich noch von früher her.
Schuld waren nie die allfälligen Täter – sondern
stets nur die Aufdecker, diese unverantwortli-
chen Beunruhiger der Bevölkerung.

Böse Firma Pfusch & Co.!
(2000)

Zusammen mit anderen Regionen von Europa und der übrigen Welt erfreut sich auch das österreichische Vaterland schon seit geraumer Zeit einer angenehmen Konjunktur. Der Schilling rollt, die Steuereinnahmen steigen, die Arbeitslosigkeit sinkt, die Wirtschaft floriert.

Wäre das alles nicht so, dann hätte das gleichermaßen ehrgeizige wie lobenswerte Ziel des umtriebigen Finanzministers Grasser, ab 2002 wenigstens keine neuen Schulden zu machen, eh keine Aussicht auf Erfolg. An den alten, so leichtfertig aufgenommenen Schulden von 2000 Milliarden werden wir noch lang zu kiefeln haben.

Wann denn, wenn nicht jetzt in der Konjunktur, könnte endlich einmal mit der fahrlässigen österreichischen Schuldenwirtschaft Schluss gemacht werden?

Während wir uns aber mit patriotischem Stolz an Österreichs derzeit so freundlichen Wirtschaftsdaten ergötzen und uns dabei aber stirnrunzelnd auch fragen, ob es denn eigentlich wahr sein dürfte, dass ausgerechnet unter einer nicht sozialistischen Regierung die Arbeitslosigkeit sinkt, sehen wir aber, dass ein ganz anders gearteter heimischer Wirtschaftszweig, nämlich die freilich immer schon höchst aktive und weit verzweigte Firma Pfusch & Co., noch weit heftiger floriert als alle anderen Firmen, die vorderhand noch Steuern zahlen.

Jeder zehnte Österreicher pfuscht bereits! Allein im laufenden Jahr wird der heimische Fiskus mehr als 291 Milliarden Schilling an die so genannte Schattenwirtschaft verlieren. So hat es uns eben ein gelehrter Experte und Wirtschaftsprofessor penibel genau ausgerechnet.

Der Vergleich macht Sie, wie es immer so schön in der Werbung heißt, sicher. Anno 1970 hat die Vereinigte Pfuscher Ges.m.b.H. von Österreich lediglich sieben Milliarden an den Finanzämtern vorbeigepfuscht. Von solchen Steigerungsraten könnte die offizielle Wirtschaft nicht einmal träumen!

Nun will es der politische Brauch, über die Pfuscher möglichst lebhaft zu klagen. Erst recht schließen sich die Wirtschaftsvertreter dem großen Jammer an. So manche von ihnen preisen aber vielleicht schon bei der nächsten Wortmeldung lebhaft die Segnungen der freien Wirtschaft. Dabei entspricht eigentlich, frei sei's herausgesagt, der Pfusch noch am ehesten den Prinzipien einer tatsächlich freien Wirtschaft. Hier gilt noch ohne jede Einschränkung das ungehemmte Spiel der Kräfte. Hier regelt die Wechselwirkung von Angebot und Nachfrage jedwede ökonomische Tätigkeit, hier auch setzt sich jederzeit der Tüchtige durch, während der Pfuscher im ursprünglichen Sinn des Wortes auf der Strecke bleibt.

Alle diese im Grund höchst löblichen Aktivitäten werden freilich ganz ohne Mitwirkung des Staates gesetzt; vor allem wird dem Staat das Handaufhalten und Mitschneiden verwehrt. Aber wer weiß: Vielleicht liegt gerade hier das Problem von Pfusch und Schattenwirtschaft. Vielleicht hält der Staat allzu begehrlich die Hand auf, vielleicht schneidet er allzu kräftig mit, als dass er der Firma Pfusch & Co. nicht unentwegt neue Mitarbeiter zutriebe.

Ein Leben ohne jede Nachhilfe
(1996)

Aufgrund diverser und vorzugsweise leidvoller Erfahrungen habe ich bisher geglaubt, dass die höchsten Stundenlöhne im Staate Österreich dort anfallen, wo Installateure oder Elektriker ihre Mitarbeiter zur Kundschaft ausschwärmen lassen. Auch die Reparierer von Haushaltsgeräten halten hier gut mit. Wem da im trauten Heim ein Fernsehapparat krepiert oder eine Tiefkühltruhe, der weiß auch um die Inständigkeit, mit der man bei der zuständigen Servicestelle um die Zuteilung eines Helfers bittstellig werden muss. Der Gipfel des Leids wird aber erst mit der Präsentation der Rechnung erreicht. Da sind dann Stundenlöhne von fünf- oder siebenhundert Schilling keine Seltenheit, vom so genannten und jedenfalls geschmalzenen Weggeld gar nicht zu reden.

Jetzt aber sehe ich, dass Installateure, Elektriker oder sonstige Serviceleute ja wahre Okkasionspreise verrechnen – zumindest im Vergleich zu den Erteilern von Nachhilfestunden für

Schüler, über deren Häuptern die Gefahr des Sitzenbleibens in ähnlicher Weise drohte, wie einst dem Damokles das von seinem Chef Dionysos an einem einzigen Haar aufgehängte Schwert. Nachhilfelehrer aber, die dem Damoklesschwert der Pintsche im Schulzeugnis beizukommen versprechen, haben unlängst schon bis zu 850 Schilling Stundenlohn verlangt, wenn es um die Konjugation lateinischer Verben ging, und immer noch bis zu 520 Schilling, wenn in der Sparte Mathematik Gleichungen mit zahlreichen Unbekannten im Spiel waren. Das Geschäft ging trotzdem prächtig. Nach den Schätzungen zuständiger Experten sollen ja Österreichs Eltern Jahr für Jahr bis zu 1,4 Milliarden Schilling in die schulische Zukunft ihrer Sprösslinge investieren.

Weil nun beim Menschen das Langzeitgedächtnis auch in vorgerückten Lebensjahren immer noch tadellos funktioniert – während es andererseits oft lang genug rätselhaft bleibt, wo man vor drei Minuten die Brille hingelegt hat –, entsinne auch ich mich meiner Schulzeit noch so, als ob's erst gestern gewesen wäre. Eine Nachhilfestunde habe ich da all die Jahre hindurch nie bekommen. Dies aber nicht etwa, weil ich ein solch brillanter Schüler gewesen wäre; vielmehr lag der Grund in der unmissverständlich ausgedrückten Haltung meiner Eltern. Nachhilfestunden, so hatten sie

mir beizeiten klargemacht, könnten sie sich keineswegs leisten; sollte ich in der Schule nichts
taugen, dann müsste ich eben heraus. Das Prädikat »Rabeneltern« hätten meine Erzeuger aber
keineswegs verdient; vielmehr wären Nachhilfestunden tatsächlich außerhalb ihrer Möglichkei-
ten gewesen.

Für mich hatte die Sache einen Vorteil, der fürs
ganze weitere Leben nicht mit Gold aufzuwiegen
war. Es ist mir damals klar geworden, dass ich mir
stets nur selber helfen könne. Welch nützliche,
welch segensreiche Erkenntnis!

Aus heutiger Sicht merkwürdig nur, dass ich an
meine Kinder- und Jugendjahre nur die allerbesten
Erinnerungen habe – obwohl ich nicht nur keine
Nachhilfestunden, sondern auch sonst so gut wie
nichts von all dem konsumieren konnte, was
heute für selbstverständlich gilt.

Heimische Hechte als Nessie-Ersatz
(1994)

Die Hitze macht's möglich! Jetzt haben auch wir Österreicher, die wir nach Auskunft der Meteorologen mitten drin im großen Hitze- und Hochdruckgebiet von Europa schwitzen, unsere »Nessie« wie jene, die im schottischen Hochland schon seit den frühen dreißiger Jahren allsommerlich ihr Unwesen zu treiben pflegt. Oder, um es genauer zu sagen: wir haben einen Nessie-Ersatz.

Dräut im Schottischen die Seeschlange, so begnügen wir uns mit ordinären Hechten, die aber unter dem Einfluss der Hitzewelle derart rabiat werden sollen, dass sie selbst vor Attacken auf kleine Kinder nicht zurückschrecken. Es wäre hier freilich ein kleiner Unterschied zu registrieren. Während kein Mensch dieser Welt vom Untier Nessie je gebissen worden ist, können in Österreich Zeitungen und Fernsehen durchaus mit Konterfeis des herzigen Mäderls aufwarten, das den linken Arm ganz eingebunden hat, weil ihm dort der hitzetolle Hecht eine Bisswunde zugefügt hat. Das Mäderl lacht aber schon wieder und ist auch sonst guter Dinge; der Hecht gönnt sich vor der nächsten Attacke eine Verschnaufpause im Schilf; Zeitungen und Fernsehen aber haben ihre Geschichte von den österreichischen Killerhechten, die erst dann wieder nachlassen werden, wenn auch die Hitze nachlässt, was aber eh fast keiner mehr glauben kann. Somit dürfen alle zufrieden sein.

Parallelen Schottland–Österreich gibt es freilich auch. Die Fotos, die schon vor Zeiten von Nessie angefertigt worden sind, haben sich längst als Schwindel herausgestellt: die waren in der Badewanne gemacht worden, wo als Nessie-Vorlage eine schwarze Plastikfolie gedient hat. Ganz ähnlich geartet ist der Schmäh, der in Österreich sogar von angeblichen Fachleuten verbreitet wird: nämlich, dass gewöhnliche Hechte unter dem Einfluss der Hitze gar so hitzig würden. Ein solch schwacher Schmäh ist uns schon lang nicht offeriert worden.

In Wahrheit ist es freilich schon Hunderte Male vorgekommen, dass gewöhnliche Fische im seichten Wasser gelegentlich auch Menschen beißen. Ich könnte mich da sogar als Zeuge zur Verfügung stellen, weil ich als Bub selber einmal einen Fischbiss davongetragen habe, ohne dass damals freilich eine Hitzewelle umgegangen wäre.

Wenn jemand ein Pech hat, pflegte der alte Farkas zu sagen, dann verhungert er auf den Sandwichinseln. Wem das Pech nicht gar so originell widerfährt, der kann aber auch als Sommerfrischler von einer Kuh aufgespießt werden. Ein geschwinder Biss vom Hecht wäre hier aber allemal noch das kleinere Übel, doch könnte man aus beiden Geschehnissen immerhin das Fazit ziehen, dass heimische Kühe bei weitem nicht so gefährlich sind wie etwa andalusische Kampfstiere; und Hechte selbst bei arger Hitze nicht so schrecklich wie der Graf Dracula, der wiederum weit hinten in Transsylvanien sein nur durch Knoblauch, Sonnenlicht oder Kruzifixe abzuwendendes Unwesen treibt.

Heute Abend sitze ich in einem Fischwirtshaus an der Donau. Dort bestelle ich mir, hoffentlich ist er vorrätig, einen Hecht. Als Vergeltung für den schnöden Angriff auf das kleine Mäderl!

So »teuflisch« ist der Staberl!
(1992)

D as Teuflische« an Richard Nimmerrichter
und Staberl sei, so schreibt es Herr Lingens
in seiner weit weniger teuflischen als vielmehr
langweiligen »Wochenpresse«, dass er seinen
Text über den Mord der Nazis an den Juden mit
einer richtigen Einleitung beginne. Lingens wörtlich: »… dass es nämlich vollkommen egal sei, ob
der Mörder sein Opfer erwürgt, erschossen,
erschlagen oder erstochen hat; und dass er ihn mit
einer richtigen Feststellung abschließt: dass nämlich die anderen Formen, in denen die Nazis ihre
jüdischen Gefangenen umgebracht haben, um
kein Haar weniger barbarisch gewesen sind.«

Ich bin aber für Lingens wohl noch in anderer
Hinsicht teuflisch. Nämlich deswegen, weil Staberl ja laut Lingens »so wie bei unzähligen voran-
gegangenen Kolumnen stets auf seine Abneigung
gegen das Hitler-Regime hingewiesen hat«.

Ach, wie unsagbar teuflisch! Wie engelsgleich
hingegen erschiene ich doch der Lingens & Co.-
Jagdgesellschaft, wenn ich vielleicht als strammer

Alt- und Neonazi aufmarschiert wäre; wenn ich einst vielleicht gar ein Geschäft arisiert hätte; wenn ich im Krieg ein Obersturmbannführer (oder wie das geheißen haben mag) bei der SS und nicht ein zwangsweise eingezogener Obergefreiter bei der Wehrmacht mit 63 Tagen Arrest und einer zusätzlichen Kriegsgerichtsaffäre wegen »Führerbeleidigung« gewesen wäre. Wie schön auch, wenn ich in der hiesigen Zeitungslandschaft nicht jener Journalist gewesen wäre, der an die zwanzig Jahre hindurch freundlicher über Israel und die Juden geschrieben hat als irgendein anderer, Lingens durchaus nicht ausgenommen!

Aber nein! Ein Antinazi ist dieser Staberl stets gewesen! Den Hitler hat er nicht mögen. Gegen die Nazis ist er schon gewesen, als sie noch gar nicht bei uns einmarschiert sind; und erst recht in jenen Jahren, als der kleine Lingens wohl noch die Frau Mama fragen musste, wer denn dieser Hitler eigentlich gewesen sei.

Wie aber kommt der Lingens einem derart »teuflischen« Staberl bei? Ganz einfach; indem er mich in der gleichen »Wochenpresse« von einem Herrn Gerhard Haupt für geisteskrank erklären lässt! Originalton »Wochenpresse«: »Ich halte Herrn Nimmerrichter nicht für einen Nazi, ja ich glaube nicht einmal, dass er ein echter Faschist ist. Staberl ist gefährlich. Aber nicht, weil er

Faschist oder Nazi, sondern weil er krank ist. Sehr krank sogar. Er weiß es nur nicht.«

Aha, jetzt haben wir's endlich! Kein Nazi, kein Faschist, aber krank. Und da angesichts meiner ungestört vorangehenden Berufstätigkeit wohl keinerlei körperliche Krankheit im Spiel sein kann, muss es klarerweise eine Geisteskrankheit sein! Nach Steinhof gehört er, der lästige Staberl!

Alles schon da gewesen. Als man unter den Moskauer Bolschewiken nicht mehr von Stalin umgebracht, sondern von Breschnew in die Psychiatrie gesperrt wurde, war die Methode ja auch recht wirkungsvoll. So sind die Schmalspur-Bolschewiken der Lingens & Co. eifrige Schüler: Wer nicht auf ihrer Seite ist, muss ein gefährlicher Irrer sein!

Den Letzten beißen die Hunde
(1999)

Bitte denken Sie jetzt scharf nach: Haben Sie in der Zeit seit dem 1. Jänner 1995 bei Ihrem Wirt das eine oder andere Krügerl Bier getrunken? Beim Heurigen ein paar Vierteln oder Gspritzte gezwitschert? Vielleicht im Nobelrestaurant ein Flascherl Schampus springen lassen? Ein fettes Essen etwa mit einem Obstler bekämpft?

Keine Angst, das ist alles rechtens, da darf Ihnen niemand einen Vorwurf machen. Aber wir hätten gleich noch eine weitere Frage: Haben Sie sich für all diese Konsumationen Rechnungen ausstellen lassen und bis heute sorgsam aufbewahrt? Nein? Das war aber unvorsichtig, da haben Sie sich leider zum Feind Ihres Geldes gemacht. Gar bald nämlich hätten Sie mit all diesen Belegen zum Wirt, zum Heurigen oder zum Nobelrestaurant laufen und von diesen Wirtschaftstreibenden Geld zurückverlangen können.

Alsdann, die G'schicht war a so, um eine Anleihe bei unserem Kleinen Bezirksgericht zu machen: Die Europäische Union wird jetzt ihrem

196

Mitgliedsland Österreich gar bald unter die Nase reiben, dass die bei uns seit eh und je rücksichtslos eingetriebene Getränkesteuer von zehn Prozent einen krassen Verstoß gegen das EU-Recht bedeutet und daher rückwirkend bis zum Tag des EU-Beitritts zurückzuzahlen sei.

Rückzuzahlen von den Gemeinden! Die haben nämlich bisher nach alter hiesiger Tradition die Getränkesteuer kassiert. Das viele Geld ist natürlich längst verbraten worden, daher bedeutet die Refundierung von insgesamt 22 Milliarden Schilling für die Gemeinden eine ganz unvorhergesehene Katastrophe.

Ja aber, so stellt sich die nahe liegende Frage: An wen soll zurückgezahlt werden? Antwort: An die Wirte. »Milliardensegen für die Wirte« kann man daher in der Titelzeile einer renommierten Wirtschaftszeitung lesen.

Was aber ist mit den Konsumenten? Wo finden jene ihr Recht, die seit unserem EU-Beitritt ihre Krügerln, Vierterln, Gspritzten oder Obstler konsumiert und dafür nach Brüsseler Recht zu viel bezahlt haben?

Die können jetzt natürlich ihrerseits von den Wirten das laut EU zu viel verlangte Geld zurückfordern. Es ist ja die ganze Zeit über so gewesen, dass die Wirte die ihnen vorgeschriebene Getränkesteuer umgehend ihren Gästen aufgeschlagen oder, wie es in der Fachsprache heißt, »auf die Konsumenten überwälzt« haben.

Da wir uns aber schmeicheln können, in einem Rechtsstaat zu leben, dürfen sich jetzt die Konsumenten ebenso an ihren Wirten schadlos halten, wie sich die Wirte an den Gemeinden schadlos gehalten haben. Einzige kleine Voraussetzung nur: dass für jeden seit 1995 getrunkenen Gspritzten auch eine Rechnung verlangt worden ist und jetzt präsentiert werden kann. Doch leider, diesbezüglich wird ein einfacher Sachverhalt kompliziert ausgedrückt: »Eine Refundierung an die Konsumenten ist praktisch nicht durchführbar, weil es für die Ansprüche in der Regel keine Belege gibt.«

Oder, wie man es auch ganz simpel sagen könnte und wie es sich auch schon in einer altüberlieferten populären Redensart recht anschaulich wieder findet: Den Letzten beißen die Hunde.

»Schön geschrieben, kein Wort wahr«

Nachwort

Dem gleichermaßen liebenswerten wie originellen Arthur Steiner, der lange Zeit hindurch als letzter Überlebender der alten »Illust-
rierten Kronen-Zeitung« noch als New Yorker
Korrespondent für uns gearbeitet hat, verdanke
ich zwei äußerst humorige Aussagen über gewisse Zeitungsmeldungen von zweifelhaftem Wahr-
heitsgehalt. »Sehr schön geschrieben«, pflegte
Steiner etwa unter bedenklichem Wiegen des
Kopfes zu sagen, »aber kein Wort wahr!«

Nicht minder spaßig war Steiners Variante
Nummer zwei: Wenn sich da irgendwer im Kolle-
genkreis damit brüstete, seine Meldung nicht nur
ganz und gar exklusiv, sondern überdies garantiert
als Erster unter allen Konkurrenten zu haben,
pflegte Steiner mit vorsätzlich aufgesetztem
ernsten Gesicht zu sagen: »Diese Nachricht hat
er aus erster Hand – nämlich aus dem Finger geso-
gen …«

Von Arthur Steiner, dem wohl letzten Vertreter
der geistreichen Journalisten- und Literatengene-

ration der Zwischenkriegszeit, begeben wir uns
jetzt geradewegs um ein halbes Jahrhundert weiter. Von der alten »Kronen-Zeitung« also zur
neuen und in jenes Jahr 2001, als dort »Staberl«
nach 37 Jahren täglicher Erscheinungsweise dem
Kolumnen-Metier Adieu sagte, um sich ins Privatleben zurückzuziehen. Da setzte denn umgehend ein wahres Trommelfeuer von Meldungen
»aus erster Hand« ein, an denen laut Steiner
zumeist kein Wort wahr und die dazu oft genug
nicht einmal schön geschrieben waren. Besonders
die in bitterer Konkurrenz zueinander lebenden so
genannten Nachrichtenmagazine, die aber bei uns
und anderswo weitaus eher als Meinungsmaga-
zine tätig sind, tischten umgehend tolldreiste
Geschichten über »Staberls« Abschied auf. Von
handfestem Streit und wilden kriegerischen
Auseinandersetzungen zwischen mir und dem
»Krone«-Herausgeber Dichand wurde ebenso exklusiv wie falsch berichtet, von »Staberls« Rage
über eine von Dichand angeblich hinterrücks
unterdrückte »Staberl«-Kolumne war ebenso die
Rede wie von der hämischen Feststellung, dass es
Staberl freilich gar nicht nötig hätte, für Dichand
und die »Krone« weiterhin Fronarbeit zu verrich-
ten: sei dieser Staberl doch – Achtung, Originalton! – Besitzer eines »Immobilien-Imperiums« in
weiten Teilen Österreichs. In einem Akt entsa-

gungsvoller Großzügigkeit habe ich dann in zwei Gegendarstellungen, die zu meiner Verblüffung sogar veröffentlicht worden sind (wenn auch, wie üblich in solchen Fällen, im Gegensatz zur ursprünglichen Falschmeldung nur ganz klein und versteckt), den Enthüllern von Staberls Immobilienbesitz mein ganzes »Imperium« geschenkt, einzige Bedingung: die Aufdecker müssten ins Grundbuch gehen und dort »Staberls« Imperium ruchbar machen. Lediglich meine Wiener Wohnung, eine Unterkunft in Hofgastein von 48 Quadratmeter Grundfläche sowie eine weitere Eigentumswohnung in Pörtschach am Wörther See (mit allerdings arg Kapitalismus-verdächtigen 52 Quadratmeter Areal) wollte ich behalten. Alles andere, zum Beispiel die »Wiener Zinshäuser sowie eine Villa in Tirol« würde ich sogleich herschenken und dazu auch noch aus eigener Tasche die Schenkungssteuer übernehmen.

Dabei habe ich damals gar nicht gewusst, wie einfach der Weg ins Grundbuch doch im Computer-Zeitalter längst geworden war. Da muss man ja heutzutage keineswegs mehr beim zuständigen Amt langwierig bittstellig werden, es genügt vielmehr das Antippen des Computers. Es traf sich hier zufällig, daß ich in meiner Bank dem dortigen Betreuer über die Räubersgeschichten von meinem »Immobilien-Imperium« erzählte und dabei mit insgeheimem Befremden registrierte, wie der Banker während unseres Gespräches an seinem Computer hantierte. Dann aber drehte dieser mit einem »Da haben Sie's!« den Bildschirm zu mir und da wurde ich einer lückenlosen Aufzählung meines gesamten Immobilien-Imperiums gewahr. Nicht nur das! Es wurde mir auch attestiert, daß alle Objekte lastenfrei waren, ganz im Gegensatz zu so manchen meiner ebenfalls gleich penibel aufgelisteten Mitbewohner und Miteigentümer, die da und dort schon unter der Last der von ihnen aufgenommenen Hypotheken ächzen mochten.

Da kann man ja nur lachen, wenn so gern und beruhigend immer von Datenschutz und Wahrung der Intimsphäre des Bürgers gefaselt wird. Was sonst mag noch alles über unser aller Intimsphäre mühelos im Computer aufgerufen werden können?

Warum aber, wenn nicht um endlich sein ausgedehntes »Immobilien-Imperium« ohne lästige Kolumnisten-Arbeit genießen zu können, hat Staberl nun wirklich seinen Abschied genommen? Die Antwort auf diese Frage entbehrt, weil gar so simpel, jeglichen Sensationsgehalts. Etwa vom Frühsommer des Jahres 1998 an habe ich festgestellt, daß die Belastung des Abfassens einer täglich erscheinenden Kolumne in zunehmendem

Maß die Freude an der Arbeit mindert. Hier war es vor allem die Vormittagsstunde von elf Uhr, die mir zunehmend zur Last geworden ist. Genau zu dieser Zeit hatte ich ja mein Manuskript abzuliefern, und dies, nebenbei bemerkt, in unerbittlicher Weise auch dann, wenn an jenem Tag gar nichts passiert war, das des Kommentierens wert gewesen wäre.

Man wird aber nicht jünger! Was ich an die dreieinhalb Jahrzehnte noch mühelos geschafft hatte, ging mir jetzt nicht mehr ganz so leicht von der Hand – auch wenn ich mich dank meiner Konstitution und wohl auch der segensreichen genetischen Überlieferung meiner Vorfahren noch rundum gesund fühle.

So ist es denn am Ende einer von mir recht sorgfältig angestellten Gedankenkette zu jenem Mittagessen im Sieveringer Restaurant »Eckel« gekommen, in dessen Verlauf ich dem »Krone«-Herausgeber Dichand und seinem guten Geist über Jahrzehnte hinweg, Bibi Dragon, die Mitteilung machte, dass ich mich ins Privatleben zurückziehen werde. Dichands erste Reaktion war eigentlich gar keine. Er hielt meine Ankündigung für einen Scherz. »Das meinst du doch nicht im Ernst«, sagte er nur, doch bald war auch ihm klar, wie durchaus ernst es mir war.

Es kam noch zu zwei weiteren Unterredungen

Dichand–Dragon–»Staberl«. Bei der zweiten erin-
nerte mich Dichand daran, dass wir noch vor ein
paar Jahren übereingekommen wären, als Gleich-
altrige noch ein paar Jahre gemeinsam weiterzu-
machen. Bei der dritten und letzten stellte Dich-
and – der ähnlich wie die Königin von England, bei
freilich ganz anderen Anlässen, ebenfalls »not
amused« war – dann in aller Freundschaft fest,
dass er selbstverständlich nicht die Möglichkeit
habe, einen 80 Jahre alten Mitarbeiter von seinem
Rückzug ins Privatleben abzuhalten. Er stimmte
mir voll und ganz zu, als ich meinte, ich müsse
doch immerhin nach 37 Jahren weder anderen
noch mir selber irgendetwas beweisen. Genau so
aber, denke ich, ist es auch. Das Menschenleben,
so denke ich weiter und abschließend, hat speziell
in seiner Endphase noch andere Aspekte aufzuweisen als nur den Beruf.

So hatte ich denn auf Dichands Wunsch aus gar
vielen Leserbriefen zu meinem Abgang noch eine
Auswahl zu treffen, die dann am 27. Mai 2001
zusammen mit meiner letzten Abschiedskolum-
ne erschienen sind. »Staberls« Tätigkeit als Verfasser einer täglich erscheinenden Kolumne, die
seit dem 1. Februar 1965 ohne Unterbrechung fast
37 Jahre lang erschienen ist, hatte damit auf gar
nicht so sensationelle Weise ihr Ende gefunden.
Es hat sich eben ausgestaberlt.

Aber wer weiß, vielleicht werde ich jetzt auch noch ein Buchautor. Da gibt es ja wenigstens nicht so arge tägliche Termine, sondern höchstens jährliche. Darüber stöhnt ja zum Beispiel auch der von mir aufrichtig bewunderte neue Freund Ephraim Kishon, der in vierzig Jahren über vierzig Bücher geschrieben hat. Ihn werde ich wohl nicht mehr einholen.

216 Seiten · ISBN 3-85002-457-1

Norbert Leser

»...auf halben Wegen und zu halber Tat...«

Eine österreichische Befindlichkeit

Die Halbherzigkeit der politischen Akteure durchzieht die Geschichte Österreichs wie ein roter Faden. Leser begnügt sich nicht mit historischen Exkursen, er wagt sich bis in die Gegenwart vor und scheut sich nicht, die Dinge beim Namen zu nennen und auch Personen als Verkörperung der Halbheit zu identifizieren. Lesers gesellschaftspolitische Analyse ist überraschend und voller Spannung.

Amalthea

Besuchen Sie uns im Internet unter http://www.herbig.net

272 Seiten · ISBN 3-85002-458-X

Lore Jarosch

Hans Dichand

»Österreichs mächtigster Mann ist ein Geheimnis«

... stellt die Autorin Lore Jarosch fest und schrieb diese packende und überraschende Biografie Hans Dichands. Sie enthält eine Vielzahl von noch unbekannten Informationen über den weltweit erfolgreichsten Zeitungsmagnaten. Vor allem gewährt sie einen Blick auf die privaten Seiten des Medienzaren, seine Lebensträume, Zukunftsvisionen und Hoffnungen.

Amalthea

Besuchen Sie uns im Internet unter http://www.herbig.net

Erwin Neuwirth · Jan Tidstrand
Lachtherapie

208 Seiten · ISBN 3-85002-461-X

Endlich wieder etwas zu lachen

*»Lachen als Therapie« lautet seit Neuwirth und
Tidstrand die Antwort auf alle Situationen, die
»krank machen«. Mit viel Witz und Fachwissen
bringen sie überzogene Schlankheitsideale,
Sporthysterie und Wellnesskult zu Fall. Damit
liefern sie einen Beitrag zur Vermenschlichung
der Beziehung zwischen Arzt und Patient.*

Amalthea